U0101356

中华民族史记

徐杰舜◎主编

张世保 罗树杰◎著

第六卷

九九归一

海峡出版发行集团

福建教育出版社

图书在版编目（CIP）数据

九九归一/张世保，罗树杰著. —福州：福建教育出版社，
2014.8
　（中华民族史记/徐杰舜主编；6）
　ISBN 978-7-5334-6509-4

　I. ①九… II. ①张… ②罗… III. ①中华民族—民族
历史—清代～现代—通俗读物 IV. ①K28-49

中国版本图书馆 CIP 数据核字（2014）第 150590 号

《中华民族史记》总目

目　录

中华民族在《义勇军进行曲》中凝聚成一体

中华民族从远古走来，穿越漫长的时空，到了清朝。女真后裔满洲在东北崛起，挥师入关，统一中国，成为又一个统治中国的少数民族。大清帝国疆域辽阔，人口众多，入关后 268 年的历史，缔造过辉煌的盛世，却也因妄自尊大、僵化闭锁而停滞不前，招致丧权辱国，饱受后世诟病。

近代，盛极而衰的清朝内忧外患，遭到了列强的瓜分，陷入了半封建半殖民地社会的深渊。民族危机的一步步加深，也促进了现代国家观和民族观的建立。辛亥革命推翻了清朝的统治，也结束了中国两千多年的封建制度，开启了民主共和的新纪元。

1949 年前的中华民国时期，外患未除，内政不稳，1937 年日本全面入侵，把中华民族推到了亡国灭种的边缘。生死存亡关头，中华民族实现了空前的团结，中华儿女前赴后继的英勇抗争惊天地、泣鬼神。在挺起的中华脊梁面前，侵略者终于举起了投降的双手。

1949年10月1日，中华人民共和国成立，当国歌《义勇军进行曲》在中华大地上空回响，中华民族也正式宣告从多元走向一体。

对中华民族的形成过程作了历史的巡礼之后，我们深深地感受到中华民族形成之沧桑、之漫长、之曲折、之壮阔，中华民族不是一蹴而就的，而是中华大地上先后出现在历史舞台的千百个民族或族群互动、磨合、整合、认同的必然结果。

中华民族的形成经历了历史的千锤百炼，建构了稳定的民族结构。1953年全国第一次人口普查时，自报登记的民族名称有四百多个，经过民族调查和民族识别，1979年，第56个民族——基诺族得到确认，中华民族大家庭56个成员的身份认证基本完成。

中华人民共和国实行民族区域自治制度，实现了民族平等和民族团结，经过60多年的发展，少数民族地区经济文化落后的状况从根本上得到了改变，中华民族的凝聚力空前增强。在中国的和平崛起中，中华民族必将实现伟大的复兴，以崭新的面貌屹立于世界的东方！

绿地粉彩八卦纹琮式瓶
清乾隆年间制。中国国家博物馆藏。

1. 从女真到满洲

腰铃

满族祖先信奉原始的萨满教，凡祭祀必跳萨满（俗称跳大神），以祈福禳灾。乾隆年间还颁行了《钦定满洲祭神祭天典礼》，使萨满祭祀成为清代国祭，与郊祀天地等国之大典并行不悖。跳萨满时，腰带上的喇叭形铁铃随着舞蹈节奏发出响声，与手鼓、拍板相配合，使仪式显得庄严凝重。

在中华民族的形成史上，清朝是一个极其重要的阶段。说起清朝，还要从满族的祖先女真族说起。

女真族本来是散居于东北松花江流域和黑龙江一带的游牧民族，古称肃慎，隋唐时称为靺鞨，五代时改称女真。女真族建立的金朝曾称霸北方，迫使宋室南迁。元代，徙居中原、华北和辽东的女真迅速被汉化，那些留居在故地的女真人分散成众多部落。

明代初期，女真族分布在松花江以东，黑龙江下游以西，濒临日本海，南

靰（wù）鞡（la）鞋

满族先人的创造。中国东北地区冬季漫长而寒冷，这种内部垫有靰鞡草的鞋子是满族祖先主要的御寒用具之一。

独具特色的满族高底女鞋

居地在东海之西而得名，主要分布在松花江下游今吉林扶余县至黑龙江哈尔滨市阿城区一带。

野人女真也是沿袭元代旧名，是女真中相对落后的一部分，故冠以"野人"之称，主要分布在黑龙江中下游两岸及乌苏里江以东。

明代女真族是重新组合的民族。建州卫的女真人多是渤海族遗民，从事农耕，过定居生活，饮食服用与汉族没有太大区别。海西女真多是金代完颜部后裔，他们倚山筑寨，亲属聚居在一起从事耕稼。野人女真风俗与海西女真相同，但他们以捕猎为生。

17世纪初的明末，以建州、海西女真为主体，包括大部分野人女真以及当地其他民族构成的一个新的民族共同体——满洲登上了历史舞台。

沈阳故宫金代大钟

铸于金天德三年（1151），后金天命六年（1621）发现于盖州，努尔哈赤命人将其移至辽阳，后曾悬挂在沈阳城内钟楼作为报时之用。

接朝鲜半岛的广大地区。依照分布区域，分为建州女真、海西女真和野人女真三大部。

建州女真以原渤海国建州为部名，聚居在今吉林珲春市和黑龙江宁安市一带，明朝在此设建州卫、建州左卫、建州右卫进行管辖。

海西女真沿用的是元代地名，因其

>>>阅读指南

王冬芳、季明明：《女真——满族建国研究》。学苑出版社，2009年6月。

孟森：《满洲开国史讲义》。中华书局，2006年4月。

>>>寻踪觅迹

清永陵　位于辽宁新宾县永陵镇启运山脚下，是清太祖努尔哈赤的父亲、祖父、曾祖、远祖及伯父、叔叔等皇室亲族的陵墓，始建于明万历二十六年（1598）。

2. 清朝建立

"大清受命之宝"
清初皇帝使用的传位玉玺，彰显大清皇帝受命于天的正统身份。清代皇帝之印称为"宝"。

后金汗、清太祖努尔哈赤是中国历史上著名的军事家和政治家。他生于建州左卫女真贵族家庭，先辈从六世祖起就受明朝册封，官至右都督。

努尔哈赤少年时代寄居在外祖父、建州首领王杲（gǎo）家里，长大后因经商走了不少地方，不仅熟悉辽东的山川与道路形势，而且广交朋友，学会了蒙、汉语言文字。他喜欢看《三国演义》及《水浒传》，热衷于学习韬略兵法。十八九岁时，他在明辽东总兵李成梁手下做事，经常立战功，很受器重。明万历十一年（1583），因祖父、父亲被杀，努尔哈赤将家仇归罪于图伦城（今辽宁新宾县汤图乡）女真首领尼堪外兰，以"遗甲十三副"起兵，组织近百人的队伍，攻破图伦城，从此开始了长达44年的戎马生涯。

明万历四十四年（1616），努尔哈赤称汗，建都赫图阿拉（今辽宁新宾县），国号"大金"，史称"后金"。

>>>阅读指南
孙文良、李治亭：《明清战争史略》。中国人民大学出版社，2012年10月。
吕向辉：《明清易代》。中央广播电视大学出版社，2012年12月~2013年4月。

"大政殿宝"玉印
清初皇帝常用印玺。大政殿是沈阳故宫建筑之一，是努尔哈赤、皇太极处理政务的地方。中国国家博物馆藏。

雄心壮志的努尔哈赤很快就把目光瞄准了明朝的江山。后金天命三年（1618），努尔哈赤亲率两万大军分两路进攻抚顺。抚顺城濒临浑河，是建州女真与明朝互

皇太极调兵信牌
以满、汉、蒙古三种文字书写，为皇帝专用，是调动军队的凭证。

市的重要场所，努尔哈赤过去常来这里贸易，对这里的山川地理形势了如指掌。驻守抚顺的明朝将领是李永芳。努尔哈赤派出先遣部队假冒商人来到抚顺，将抚顺商人和军民诱出城外贸易，后金主力乘机突入城内捉住了李永芳，抚顺不战而下。抚顺败报传到明朝京师，朝廷震惊不已。明神宗慌忙召集会议，商讨征剿赫图阿拉的决策。

第二年二月，后金攻打与明朝关系密切的海西女真叶赫部，叶赫部向明廷告急。明神宗立即从全国各地调集九万余大军齐集沈阳，派兵部尚书杨镐为统帅，分四路进攻赫图阿拉。西路是主力，有三万人，由山海关总兵杜松率领；南路由辽东总兵李如柏率领；北路由明军和叶赫军组成，由开原总兵马林率领；东路有明军和朝鲜援军各一万人，由辽阳总兵刘綎率领。杨镐坐镇沈阳，指挥全局。

努尔哈赤第15子多铎率军进入南京的情景

努尔哈赤探知明军四路进击的军事部署后，并没有分兵迎击，而是"凭尔几路来，我只一路去"，集中优势兵力，逐路击破。他认为，只要破了杜松的西路主力，其他几路也就不在话下了。他只派500人防守来攻的刘綎先头部队，而集中六万后金主力迎战杜松。杜松是

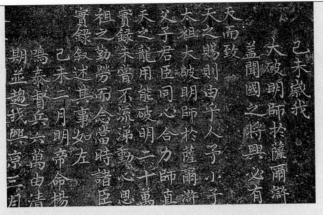

乾隆皇帝《萨尔浒山之战书事》碑碑文局部
原碑现藏沈阳故宫，立于辽宁抚顺萨尔浒山山腰原处的碑为复制品。

一个有勇无谋的将官，为了抢头功，他命令士兵不等准备好渡船便策马渡河，浑河水大流急，明军淹死的不计其数。三月一日，杜松率军到达今辽宁抚顺东部形势险要的萨尔浒山附近，他分兵为二：一部在萨尔浒山下扎营；另一部进抵萨尔浒东北的吉林崖，攻打赫图阿拉西北铁背山上的界凡城。努尔哈赤命儿子代善、皇太极率少数兵力援界凡，自己亲率后金军冲向萨尔浒，在呐喊声中一鼓作气攻下了萨尔浒明军大营，紧接着又驰赴界凡。听到萨尔浒大营失陷的败报，杜松军军心已动摇，再见到从吉林崖山下四面围攻上来的后金军，士气更加低落。杜松率官兵多次奋战，企图占据山头，但都失败了。最后，杜松落马而死，全军覆没。

歼灭明军主力后，努尔哈赤乘胜挥戈北上南下，攻击马林和刘綎的军队，马林怯战逃跑，刘綎战死。杨镐在沈阳听到三路败报，急令李如柏回军，才使这一路军队逃脱覆灭的命运。

这就是历史上著名的萨尔浒之战，明军惨败，后金军大获全胜。从此，明朝在对后金的战争中一直处于防御地位。

1636年，皇太极将国号改为"大清"，史称清朝。1644年，清灭明朝，正式统治中国。

1776年，乾隆皇帝为颂扬其祖先的开国战功，在萨尔浒山山腰立了一座青石碑，并亲笔题诗一首："铁背山头歼杜松，手麾黄钺振军锋。于今四海无征战，留得艰难缔造踪。"乾隆称这次战役：清朝"基业实肇乎此"。

>>>寻踪觅迹

赫图阿拉故城遗址　位于辽宁新宾县永陵镇老城村。明万历三十一年（1603），努尔哈赤始建城堡于此，后来在此建立后金并作为都城。今内外城城墙有部分残存，城门遗迹尚清晰可辨。

萨尔浒山　位于辽宁抚顺市东南，是后金与明军交战的古战场，有界凡城、萨尔浒城、清帝东巡谒祖行宫、御道遗址等相关古迹。

3. 八旗制度

八旗制度对清朝的建立和巩固都发挥了重要作用。八旗主要有满洲八旗、蒙古八旗和汉军八旗。满洲八旗是努尔哈赤创立的，也是满族入关前的政治制度、文化系统和社会基础。蒙古八旗和汉军八旗是皇太极继位之后的成果。

八旗制度起源于女真族一种生产和军事合一的组织——牛录。女真人出兵或打猎，各部中每人出一支箭，每十人中立一个总领，称为牛录额真，牛录即箭的意思，额真即首领。牛录是女真族最基层的组织，屯垦田地、征丁披甲、纳赋服

八旗镶白旗铠甲和军旗图案

役，都以牛录为计算单位。鉴于各部族人数多寡不一，人员素质也不同，1601年，努尔哈赤对牛录制度进行了第一次整编，将每牛录扩充到300人，规定五牛录为一甲喇（汉语"队"的意思），五甲喇为一固山（汉语"旗"的意思）。每个固山（旗）都有特定颜色的旗帜，原有黄、白、红、蓝四旗，后又增添四旗，在黄、白、红、蓝旗帜四围镶边以示区别，黄、白、蓝三色旗镶红边，红色旗镶白边。这样，共有八种不同颜色的旗帜，称为"八旗"。1615年，八旗制度正式形成，此八旗即满洲八旗。八旗军旗正中是一条巨大的龙，因此也称为大龙旗，后来清朝的国旗也是龙图案，称为黄龙旗。

蒙古八旗是在蒙古牛录的基础上发展而来的。蒙古牛录原属于满洲八旗，后来由于归附的蒙古人日益增多，1635年，皇太极把归附的蒙古人分编为蒙古八旗。八旗蒙古人既是旗人又是蒙古族，对融洽蒙满民族关系起了重要作用。蒙古八旗人的

沈阳故宫大政殿

建于努尔哈赤时期。大政殿是努尔哈赤和皇太极办公和举行重大典礼、重要政治活动的场所，在大政殿两侧成八字形依次排列着十王亭，11座亭子的建筑风格如同女真族帐篷的化身。十王亭是清初左右翼王和八旗大臣议政及处理政务的地方，是八旗制度在官殿建筑中的反映。

文化素质较高，多在新城或各驻防省份担任高官，很多人通晓蒙汉两门语言，有的甚至会使用多种文字，为清朝的国家建设作出了很大贡献。

1633年二月，明朝将领孔有德、耿仲明等率军投奔后金，皇太极亲自到沈阳城郊浑河岸边迎接，行满洲特有的抱见礼。为与满洲八旗有别，皇太极让孔、耿所部使用白镶黑边旗帜，由他直接统辖。接着，皇太极决定建立汉军，先是把满洲八旗中的汉人编成一旗汉军，后来逐渐扩为八旗，汉军八旗正式成为清朝三军之一。汉军八旗对于清朝建立以及缓和满汉民族矛盾有很大好处。

八旗军队为清朝的建立和清初开疆拓土、维护国家统一发挥了重要作用。

>>>阅读指南

陈长文：《清代的八旗制度》。吉林文史出版社，2012年1月。

杜家骥：《八旗与清朝政治论稿》。人民出版社，2008年3月。

>>>寻踪觅迹

琴江满族村　位于福建长乐市的闽江岸边。清雍正六年（1728），镇闽将军阿尔赛奏请朝廷从老四旗（镶黄、镶白、正白、正蓝）中抽调513名官兵携眷进驻琴江，建立"福州三江口水师旗营"，是当时全国沿海四大水师旗营之一。在近代甲申中法马江海战中，村中100多位官兵壮烈殉国。村庄兵营格局至今保留完整，旗人祖先从北方带来的语言、风俗等遗风仍存。

4. 满文的创制

在创立政权的过程中，努尔哈赤还做了一件对满族的形成和强大起了重要作用的大事，就是创制了流传至今的满文。

女真族在金代创造过文字，金朝灭亡后，女真文逐渐被废弃，到了明朝后期，已变得无人知晓，女真人于是改用蒙古文字。

努尔哈赤基本上统一女真各部后，女真社会的政治、经济、军事、文化等方面都得到迅速发展，与明朝、蒙古各部的联系日趋频繁，努尔哈赤每次下公文和政令，都要先用汉文书写，再译成蒙古文发出或公布，非常不方便。明万历二十七年（1599），努尔哈赤找来精通蒙汉语文的额尔德尼等人，对他们说："汉人看汉字，学与不学都能明白。蒙古人看蒙古字，学与不学也都能明白。我国的语言用蒙古字书写，则不学蒙古语的人就不能懂。"努尔哈赤命额尔德尼等人创制自己的民族文字。

额尔德尼等人参照蒙古文字母，根据女真语音，创造出新的文字。这是一种拼音文字，字母数目和形体与蒙古文大致相同，没有圈点，被称为"无圈点

沈阳故宫下马碑
碑上刻着满、汉、蒙古、藏、回五种文字。

>>>阅读指南

乌云毕力格主编：《满文档案与清代边疆和民族研究》。社会科学文献出版社，2013 年 6 月。

佟永功：《满语文与满文档案研究》。辽宁民族出版社，2009 年 4 月。

北京故宫乾清宫满汉文匾额

满文"或"老满文"。

由于是初创，老满文存在许多缺点和不足。随着女真社会的进一步发展，无论是学习还是使用，老满文的改进和完善，已成必然之事。

在老满文使用了30余年后，1632年，皇太极令长期从事文馆工作的达海对老满文进行改进。达海用在字母旁加圈加点、改变某些字母的形体、增加新字母等方法，把原来不能区分的语音分开了，规范了词形，并改进了拼写方法，创制了专门拼写外来音的字母。改进后的满文有了比较完善的字母体系和拼写法，具有区别于蒙古文字母的明显特征，俗称"有圈点满文"或"新满文"。现在人们通常所说的满文，一般是指新满文。

另外，清乾隆十三年（1748）还参照汉文篆书创制了一种满文篆字，共有32种字体，依笔画的特征命名，如璎珞篆、龙书等。

满文自左而右直写，有6个元音字母，24个辅音字母，10个专门拼写外来音的字母。基本笔画有字头、字牙、字圈、字点、字尾两种不同方向的撇和连接字母的竖线等。

满文的创制和颁行，对满族共同体的形成有重要作用。清朝统一全国后，满文成为"国文"，与汉文并用，使用范围除满族原先居住的东北地区、朝廷各部门外，派驻八旗满洲兵丁的全国各重镇要地也都使用满文，满文成为国家巩固和民族融合的黏合剂之一。

清朝覆灭后，满文也逐渐退出历史舞台。现在只有东北个别地区的少数人能用满语进行口头交际，能看懂满文的人寥若晨星。

满文作为清朝的法定文字进行推广和使用，形成了大量的满文古籍文献，包括图书、档案、碑刻、谱牒、舆图等。随着满语走向濒危，满文档案等珍贵史料也将成为无法破译的密码，这对中华民族传统文化的传承是个无法弥补的损失，因此，抢救满文已成为迫切之事。

>>>寻踪觅迹

黑龙江富裕县　境内三家子村是清康熙年间建立的村屯，至今总体格局仍在，也是我国目前唯一保留着较为完整的满语口语的村落。

5. 皇太极定族称

满族的旧称叫"珠申"（女真），皇太极把它改为"满洲"。

1635年，皇太极宣布：我国原来有满洲、哈达、乌喇、叶赫、辉发等称呼，但都没有什么人知道，人们往往把我们称为珠申，但珠申这个称号实在和我国没有多大关系。我国建号满洲，已经很多代了。从今以后，一切人等，只准称我满洲原名，不得用其他名称！

皇太极认为，珠申是指锡伯族、墨尔根部落的后裔，与建州女真的族名毫无关系。此外，明末清初"珠申"一词的汉译意思为"奴隶"，这当然有损于一个统治民族的声誉了。因此，皇太极把族名定为满洲，第二年又改国号为"清"。

满洲族名的源流，是从传说中九夷之一的"满饰"（满节）演变来的。建州女真的后期活动地区恰好是古代满饰人居住的地方，后来，这些地方的居民又称为满番、瞒咄（duō）、满珠，它们与满洲是同音异译。

"满洲"一词的满文写法

满文篆书"皇帝之宝"
皇太极的玉玺，故宫博物院藏。

清朝宫廷中的满洲女人

满洲之称与传统的"五行相克"说法也有关系。传统学说认为天地万物都存在着金、木、土、水、火五种属性，称为五行。五行之间又有相克的关系，即金克木，木克土，土克水，水克火，火克金，循环不断，生生不息。满、洲二字均有三点水偏旁，取的是以水克火之意，以"金"的谐音"清"为国号，同样也是这个意思。

由此可见，皇太极定族名真是动了不少脑筋呢！

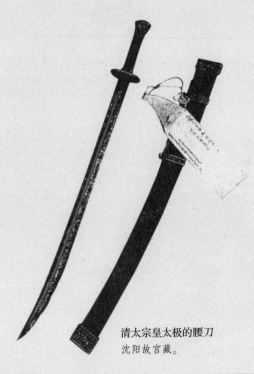

清太宗皇太极的腰刀
沈阳故宫藏。

>>>阅读指南

李治亭：《努尔哈赤》。人民文学出版社，2011年1月。

徐彻、董显声：《皇太极》。中国文史出版社，2011年1月。

>>>寻踪觅迹

沈阳故宫　建于1625年至1636年，是清朝入关前努尔哈赤和清太宗皇太极建造的。后金改国号为大清、顺治帝即位等大典就在此举行。它以独特的历史、地理条件和浓郁的满族特色而迥异于北京故宫。

6. 皇太极的反间计

辽宁兴城古城墙上的红夷大炮

红夷大炮也叫红衣大炮，是16世纪初欧洲制造的一种火炮，明朝后期传入中国，逐渐成了明军中重型火器的中坚力量。

后金天命十一年（1626），努尔哈赤亲率13万大军进攻宁远（今辽宁兴城），战斗中被炮石所伤，被迫退兵回到盛京（今辽宁沈阳）。几个月后，努尔哈赤就因伤病去世了。

努尔哈赤从二十几岁起兵以来，几乎战无不胜，攻无不克，没想到却攻不下一个小小的宁远。击退努尔哈赤的就是镇守宁远的明朝将领袁崇焕。

努尔哈赤死后，为了探听后金的动静，袁崇焕特地派使者到盛京吊唁。皇太极窝了一肚子的怨恨，但由于刚打了败仗，军队需要休整，同时也想试探一下明朝的态度，所以不但接待了袁崇焕的使者，还派人到宁远去答谢。双方表面上缓和下来，背地里却都在加紧准备下一步的战斗。

后金天聪元年（1627），皇太极亲自率领大军，分三路南下，先把锦州城包围起来。袁崇焕料定皇太极的目标是宁

袁崇焕书法

远，所以决定自己留在宁远，派部将带领四千骑兵援救锦州，又派水师去攻打皇太极的东路军作为牵制。打了半个多月，皇太极还是对锦州无可奈何，于是来攻宁远。袁崇焕亲自到城头上指挥战斗，用大炮猛轰后金军，城外的明朝援军则与后金军队展开激战。虽然双方都死伤惨重，但在明朝军队内外夹击下，皇太极也没能攻下宁远，只好又改攻锦州。锦州城中使用大炮、火炮、火弹和矢石等武器重创清兵，皇太极兵败而退。此次战役史称"宁锦之战"。

当时在位的明熹宗据说大字不识几个，整天沉浸在木工活之中，将国家大事抛在脑后，由宦官魏忠贤把持朝政。

袁崇焕等打了胜仗，却归功于魏忠贤调度有方，反而责怪袁崇焕没有亲自救锦州是失职。袁崇焕不得已只好请求辞职。

1628年崇祯皇帝继位后，在许多大臣请求下，袁崇焕被召回朝廷，提拔为兵部尚书，并负责河北、辽东等地的军务。在崇祯帝召见时，袁崇焕陈述了五年内恢复辽东的方略，崇祯帝非常高兴，授予袁崇焕尚方宝剑，并赐蟒袍、玉带与银币。袁崇焕领了银币，但以未立功勋，不敢受蟒袍、玉带之赐，上疏辞谢。袁崇焕随后重新回到宁远，选拔将才，整顿队伍，军纪严明，士气振奋。

袁崇焕认为，宁锦防线坚固，皇太极打不破，很可能就会假道蒙古，突破长城，直接威胁北京。为此，袁崇焕曾两次向崇祯皇帝上疏，建议加强防范。但是，袁崇焕的意见没有引起崇祯皇帝的足够重视，他派出的援军也被遣回。

袁崇焕不幸言中了。后金天聪三年（1629）十月，几十万后金军避开劲敌袁崇焕的防区，绕道今河北遵化，直扑明朝京城北京。袁崇焕得知，赶紧出兵，想在半路上拦住后金军，但是皇太极畏惧袁崇焕，一路避免与他交战，袁崇焕的多次拦截都落空了。后金军乘虚而入，到了北京郊外。袁崇焕率领九千铁骑，日夜兼驰，抢在皇太极之前赶到了北京外城，马上就投入到激烈的战斗之中。明朝各路人马同心协力保卫北京，总算

辽宁兴城明代古城墙

击退了皇太极。

后金军突然进攻北京，引起全城震动。一些人散布谣言，说后金兵完全是袁崇焕引进来的。崇祯帝是个疑心极重的人，听了这些谣言，也有些怀疑起来。正在这时，有一个被后金俘虏去的杨姓太监从金营逃了回来，向崇祯帝密告，说袁崇焕和皇太极已经订下密约，要投降后金。这个消息像晴天霹雳，把崇祯帝惊呆了。

杨姓太监说，他被俘之后，被关在金营里。有一天晚上，他半夜醒来，听见两个金兵在轻声谈话。一个金兵说："刚才我看见皇上（皇太极）一个人骑着马朝明营走去，明营里也有两个人骑马过来，跟皇上谈了好半天话才回去。听说那两个人是袁崇焕派来的，他已经跟皇上有密约，眼看大事就要成功啦……"

崇祯帝哪里知道，这个情报完全是假的，两个金兵的谈话是皇太极预先布置的。

崇祯帝马上下令将袁崇焕逮捕入狱，第二年，袁崇焕被杀。

皇太极用反间计除了对手袁崇焕，从此，后金越来越强大，明朝已经不能阻止后金军队的进攻了。

>>>阅读指南

阎崇年：《袁崇焕传》。中华书局，2005 年 10 月。

袁仲麟：《袁崇焕诗选注》。黑龙江大学出版社，2012 年 12 月。

>>>寻踪觅迹

袁崇焕纪念地 北京东城区东花寺斜街有袁崇焕祠和墓，龙潭公园内有袁督师庙。广东东莞石碣镇水南村袁崇焕故居遗址建有纪念园。

7. 皇太极感化祖大寿

祖家世代为辽东望族，祖大寿在宁远、锦州等抗击后金的战斗中，多次立功，被袁崇焕提升为前锋总兵，驻防锦州。袁崇焕被下狱问罪后，祖大寿试图以立功赎袁崇焕之"罪"，但他打了胜仗，袁崇焕还是被处死了。

皇太极用反间计让袁崇焕蒙冤而死，但袁崇焕制定的"守坚城，用大炮"的计策还是被明军继承了下来。崇祯四年（1631），祖大寿奉命在大凌河筑城保卫锦州，城还没修完，皇太极的大军便将大凌河城包围了。皇太极吸取了宁远战败的教训，决定只围不攻，迫使明军粮尽援绝而投降。

明军先后派几路救兵前来援救，都被后金军击败，祖大寿多次突围也没有成功。被围困了两三个月，大凌河城内粮食告罄，兵士杀战马充饥，百姓成百上千地饿死，甚至出现了人吃人的现象。

皇太极让明朝降将给祖大寿写信，劝他投降，并保证决不屠城，于是祖大寿决定诈降。

祖大寿石坊

位于辽宁兴城古城内，是明朝前锋总兵祖大寿在明思宗朱由检默许下于崇祯四年（1631）建立的，以标榜自己"忠贞胆智"、尽忠保主之功，但他后来降清，牌坊成为后人讽刺之物。

祖大寿墓

祖大寿去世后葬于北京清河附近的永泰村。1918年前后，他的墓被人整体拆卸，倒卖给了加拿大皇家安大略博物馆，漂洋过海成了该馆陈列的文物。

祖大寿先送儿子祖可法到后金营中当人质，然后劝说身边诸将投降。副将何可纲坚决反对降金，被祖大寿当着后金兵将的面斩首，何可纲面不改色，含笑而死。

祖大寿来到皇太极大帐，接受了一大堆赏赐，二人盟誓。祖大寿向皇太极建言，请求带一支兵马去锦州，在城里作为内应，智取锦州。皇太极同意了，祖大寿却一去不返，连留在后金营中的家人也不顾了，但皇太极并没有加害他们。后金军队班师时，将大凌河城完全摧毁，仅剩城基。这场战争，后金消灭了明朝的四万精锐，还得到了大批明将，祖可法、张存仁后来还被任命为都察院参政。

祖大寿逃回锦州城后，立即组织防御，抗击后金。此后十余年，祖大寿一直坚守锦州，皇太极两次御驾亲征，攻打锦州、宁远，都未能攻克。

清崇德六年（1641），皇太极决定夺取锦州。他下令先将锦州城东、北、西三面的粮食全部抢割，扫荡锦州外围的明军台哨，在锦州城四面各设八营，绕营挖一圈深壕沟，再挖长壕沟将各营贯通，彻底孤立明朝锦州守军。

祖大寿手下的明军，一半是契丹人，一半是蒙古人。驻守外城的是蒙古将士，他们看到清军阵营严整，首先动摇。蒙古兵在城墙上向下面的清军巡逻兵喊话："你们围困有何用处？我城中积粮可支两三年！"清兵回答："你们即使有四年之粮，到第五年，还吃什么？"蒙古兵听了，知清军志在必得，十分惊恐。蒙古将领诺木齐、吴巴什等密谋降清，祖大

>>>阅读指南

[美国] 魏斐德著，陈苏镇、薄小莹译：《洪业——清朝开国史》。江苏人民出版社，2010年7月。

阎崇年：《清朝十二帝》。紫禁城出版社，2010年7月。

加拿大皇家安大略博物馆藏祖大寿墓石人

松山守将夏成德坚持不住，投降清军做了内应。清军夜里登城，洪承畴被俘，其余将官被杀，松山城被夷为平地。

锦州经过一年的围困，粮绝援尽，城中杀人相食的惨剧再度重演，祖大寿迫不得已终于降清，明朝在关外的统治结束。

皇太极不改初衷，仍然劝祖大寿归顺。他不仅耐心等待了祖大寿十余年，期间还重用了祖大寿的儿子，祖大寿深受感动，诚心诚意地投降了清军。经过劝说，洪承畴也投降了清军。

皇太极用诚心感化祖大寿等人，当然是出于军事上的谋略，但另一方面也在客观上起到了减少满汉民族矛盾的作用，推动了清朝统一进程。

寿知道后，准备逮捕他们，但还没动手已被发觉。蒙古兵迅速行动，在城内对祖大寿发动攻击，激战声震城外。清军得到消息，立即赶到城下接应。蒙古兵从城上放下绳子，清军迅速攀上城墙，锦州外城很快被占领，祖大寿退守内城。

皇太极闻讯大喜，派兵增援锦州，明朝则派蓟辽总督洪承畴率13万兵马赶来救援。皇太极得知，亲自率三千精锐昼夜不停地赶赴锦州，经过六天的连续奔走，抵达锦州南边的松山，将洪承畴的大军团团围住。洪承畴奋力突围，将帅纷纷逃跑，兵马大乱，自相践踏，损失惨重。

皇太极对松山还是采取围而不攻的办法，静待城内粮尽。洪承畴被困松山城达半年之久，粮尽援绝，处境艰难。

>>>寻踪觅迹

祖大寿祠 位于北京西城区富国街3号，原为祖大寿住宅，是典型的清代官僚住宅布局。

辽宁兴城古城 即明清时期的宁远城，是明朝与后金宁远之役的主战场，古城保存至今总体完整，有古城墙、祖氏石坊、文庙、蓟辽督师府等相关古迹。

8. 皇太极推崇汉文化

满洲贵族虽然一直都在维护其民族的纯洁性，但汉文化的魅力实在不可阻挡，他们在自觉或不自觉中，汉化的程度已非常深了，皇太极就是一个例子。

皇太极即位的那一天，就倡导儒家"行正道，循礼义，敦友爱，尽公忠"的思想。两天后，皇太极又规定：凡是汉人有图谋逃走的，不必治罪；要等到逃走后又被抓获，才严办。又过了两天，皇太极说：汉人纳税应该与女真人同额，汉人犯法应与女真人的处罚相同，如果有汉人与女真人打官司，应该公平处理。

皇太极很赞赏科举制度。即位的第三年（1629），便在女真人、汉人和蒙古人中考选秀才。"诸贝勒府以下及满汉蒙家所有生员俱令考试，各家主毋得阻挠，有考中者，仍以别丁偿之。"1634年至1641年，又三次开科取士，任用了大批汉族士人，这在政治上赢得了汉族知识分子的拥护。

沈阳故宫崇政殿
建于清太宗皇太极时期，是皇太极处理朝政、举行重大庆典活动、接见并宴请外邦宾客的地方。

皇帝奉天之宝
皇太极时期治印，以此表明清朝统治是奉天命而行的。

大清嗣天子宝
皇太极时期治印，以此表明大清遵照上天的标准而行事。

>>>阅读指南

定宜庄：《满汉文化交流史话》。社会科学文献出版社，2011年12月。

刘凤云、董建中、刘文鹏：《清代政治与国家认同》。社会科学文献出版社，2012年3月。

>>>寻踪觅迹

翰林院遗址 位于北京东长安街路南公安部内，为明初鸿胪寺旧址。

努尔哈赤时期，被俘的汉人原则上都是女真人的奴隶。种田的汉人，每13个壮丁被编为一"庄"，拨给女真人当财产。皇太极把汉人的地位提高了，汉人的"庄"直接属于后金汗，由汗选派汉官来治理，只有贵族才准许享有一定数量的汉奴。

皇太极对《四书》、《三国演义》、《大明会典》以及宋、辽、金、元等史书典籍非常熟悉。1629年，他设立文馆，专门管理译书与记注政事。1636年设立内三院：内国史院负责撰拟诏令、编纂史书等，内秘书院负责掌管和起草对外文书与敕谕等，内弘文院负责讲经注史、颁布制度等。内三院的大学士、学士，参与重大国是，不仅是皇太极处理政务的左右手，而且还评议旗务，起着牵制八旗的作用。皇太极同时用女真文、汉文和蒙古文发布公文。

1631年，皇太极仿照明朝设立六部，每部由一个管部大臣主持，下设三个承政（尚书）：一个是女真人，一个是汉人，一个是蒙古人。

皇太极等满洲统治者对汉文化的重视和利用，对于巩固清朝的统治、维护满汉民族关系具有积极作用。

9. "满汉一家"的民族政策

皇太极死后，其第九子、年仅6岁的福临继位，他就是清朝入关后的第一位皇帝顺治。顺治年幼，由他的叔叔多尔衮摄政。虽然多尔衮和顺治帝都尽力维护满洲贵族的特权，"首崇满洲"，但只凭区区一两个千个八旗王公大臣和五六万满洲男丁，无论如何也不可能消灭二三百万名抗清将士并统治上亿汉民，因此，多尔衮和顺治皇帝接受了一些汉族官员的建议，实行"以汉治汉"政策，宣称"满汉一家"。

所谓"满汉一家"，主要体现在争取汉人官员士绅的支持上，即笼络、争取汉族上层人员为清朝效劳。顺治元年，多尔衮连下谕旨，让原明朝的所有官员都继续留任，这样就把汉族官员的心给安下来了。

多尔衮还提拔了一批原明朝的中等官员和文人，授以尚书、大学士等职，这些官员不但没有因改朝换代丢官，官反而越做越大了。

顺治元年宣布继续实行科举制，多尔衮特别重视刚考中的汉族士子，予以破格提升。

多尔衮又规定，内阁六部都设满缺汉缺，任用满人、汉人、汉军旗人为尚书、侍郎、大学士，地方总督、巡抚及其以下官员，也是满汉兼用，但清初以

"皇帝奉天之宝"套印
此玺形制与一般宝玺不一样，只有汉文，没有满文，盒内还有五个圆形小印章，刻文分别是"皇"、"贵"、"妃"、"之"、"印"。故宫博物院藏。

清代宫廷画家郎世宁等绘《塞宴四事图》中的清朝各族官员

汉官为多。

"满汉一家"政策的另一重要体现是绿营兵的设立。满洲只有数万男丁，难以肩负"拱卫宸（chén）极，绥靖疆域"的重任，必须用汉将汉兵协助，尤其是平时的地方管理，更得依靠汉兵来完成，同时，降清的上百万原明军将士，也需要用武之地。从顺治元年起，清政府便陆续在各省设立绿营兵，将士主要是汉人，也有少数满、蒙古、回族人员，其统帅是一省或几省的总督或巡抚。

"满汉一家"还体现在允许满汉官员互通婚姻。多尔衮谕告礼部：现在天下一家，无论是满族还是汉族，都是我的臣民，要使他们亲如一家，最好的办法就是让他们缔结婚姻，从今以后，满汉之间要求通婚的，就随便他们了。

"满汉一家"政策为清朝统一全国、巩固统治起了很大作用，是清初一个非常重要的民族政策。

>>>阅读指南

中国社会科学院近代史研究所政治史研究室：《清代满汉关系研究》。社会科学文献出版社，2011年8月。

刘小萌：《旗人史话》。社会科学文献出版社，2011年5月。

>>>寻踪觅迹

北京故宫 明、清两代的皇宫，明永乐十八年（1420）建成，清承明制，有所增益。在前后近500年中，共有24位皇帝在这里居住并对全国实行统治。故宫不仅建筑艺术丰富多彩，还珍藏有上百万件珍贵文物，设有历史艺术馆、绘画馆、陶瓷馆、青铜器馆、明清工艺美术馆、铭刻馆、玩具馆、文房四宝馆、玩物馆、珍宝馆、钟表馆和清代宫廷典章文物展览等专题展室。

10. 剃发易服

汉族自古以来就非常重视衣冠服饰。《孝经》说："身体发肤，受之父母，不敢毁伤，孝之始也。"汉人成年之后不剃发，男女都把头发绾（wǎn）成发髻盘在头顶。满洲人的发型则与汉人迥异，男子把前颅头发剃光，除为父母守丧或国丧外，不准留长，应及时剃除，名为剃头。后脑头发编成一条长辫垂下。汉人的服装以交领、右衽、无扣等为主要特色，满装的主要特点是立领、对襟、盘扣等。

清朝在入关之前，满洲统治者在关外推行"剃发易服"政策，对被征服的汉人一律强令改变发式，更换服装，投降的明朝将士也必须剃发易服，作为臣服的标志。

清末重臣李鸿章和他的家人
可以看出剃发易服后汉族服装的变化，女着满式旗装，男穿长袍马褂。

民国广告上穿旗袍的女子

旗袍源于满洲女性传统服装，20世纪上半叶被大幅度改进，融入汉族女装和西式剪裁、装饰方法，成为民国时期女性最主要的服饰之一，1929年曾被民国政府确定为国服之一，现已成为中国女性传统服饰的代表之一。

1644年清军入关时曾颁布剃发令，因引起汉人的不满和反抗，只好废除。1645年清兵进军江南，汉臣孙之獬因逢迎求宠受到汉族同僚的蔑视，恼羞成怒之下向摄政王多尔衮提出重新颁发剃发令。于是，清军所到之处，无论官民，限十日内都要剃头，削发垂辫，不从者斩，其执行口号是"留头不留发，留发不留头"。

"衣冠束发"千百年来都是汉人的外在标志，强迫剃发被认为是一种侮辱，剃发令引发了此起彼伏的强烈抗争，清朝统治者使用暴力进行镇压，有的地方甚至被屠城。反剃发斗争持续了几十年，江南一些士人抗争长达百年，最终的结果还是大部分汉人都剃发结辫，改为穿戴满族衣冠。坚持不改换衣冠者要么被杀，要么逃到海外，要么遁入空门，带发修行。

清朝统治者推行剃发易服，是希望能保持其统治地位，保持满洲不被汉族同化。这一措施也确实起到了作用，随着时间的流逝，汉人逐渐淡忘了本民族的服饰，习惯了满洲的发式和服装。到辛亥革命推翻清朝时，号召民众剪去头上的辫子，许多人也不愿意。

强行剃发易服导致的满汉民族矛盾一直延续了整个清代。实际上，在汉族剃发易服的同时，满洲人在其他方面更多地被汉化了，可见民族融合的趋势是任何力量都阻挡不了的。

>>>阅读指南

刘凤云、刘文鹏：《清朝的国家认同——"新清史"研究与争鸣》。中国人民大学出版社，2010年12月。

曾慧：《满族服饰文化研究》。辽宁民族出版社，2010年7月。

>>>寻踪觅迹

吉林省博物院 收藏有众多清代满族服饰，设有"旗装雅韵"专题陈列。

11. 外族人的满洲化

在满族形成的过程中，许多其他民族也不断满化。八旗组织首先就是一个多种民族的综合体。据《八旗通志》记载，在后金天命年间的 400 个牛录中，满洲蒙古牛录 308 个，蒙古牛录 76 个，汉军牛录 16 个。其中，满洲蒙古牛录以满洲为主，也编入少量蒙古人和汉人。后来虽然分设了蒙古、汉军八旗，但归附的人越来越多，满洲八旗内的蒙、汉人不但没有减少，反而不断增长。

从 1629 年至 1638 年，短短 10 年

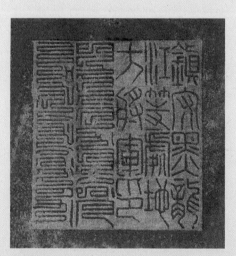

镇守黑龙江等处地方将军印
黑龙江将军是清代黑龙江地区最高官员，康熙二十二年 (1683) 设立，除最后一任黑龙江将军程德全是汉人外，黑龙江将军一职都由清宗室和旗人担任。

间，八旗兵四次破山海关而入，掳掠汉民不少于二三十万人。清朝入关后，首都北京一带被迫投充八旗的汉民约有五万人。所有这些沦为奴仆的外族人，绝大多数被编入满洲旗下。

数以十万计的外族沦为清朝皇家与满洲王公贵族的私属和家奴，或者附入八旗满洲官兵户下，充任仆役。在长期的共同生活中，这些外族人对满族文化耳濡目染，逐渐满化。外族子弟最易被同化，他们说满语，着旗装，生活起居同于满俗，并且男人剃发，女子天足，不用汉姓，改易满名。

早在后金开国时代，随侍努尔哈赤左右的就有一个汉人，满名洛翰。他本姓刘，因保护努尔哈赤而受伤致残，被赐姓觉罗，这是汉人改满姓的开始。

满洲旗下一部分汉人最初是辽东的平民，他们在关外时与满人一同戍守边

>>>阅读指南
《民族问题五种丛书》辽宁省编辑委员会等编：《满族社会历史调查》。民族出版社，2009 年 5 月。
李林：《满族宗谱研究》。辽宁民族出版社，2006 年 5 月。

光绪年间茶园演剧图（局部）
台上穿戏曲服装的演员正在演出武打场面，台下的男子穿着各种不同的生活服装。

台，被称为"台尼堪"，意即"坐台汉人"。入关后，他们仍旧与满洲人编在同一个佐领（牛录），享受同等待遇，子嗣也就随之隐去汉姓，改用满姓满名，或者取"台尼堪"中"台"的谐音，改姓台、唐、谈等，这是他们在民族心理上与满洲产生认同感的重要标志。

乾隆年间先后出任浙江总督、杭州将军、兵部尚书等显赫职务的正蓝旗满洲人性桂，其先祖姓王，原本是明末辽东义州的汉人。性桂名列《满洲名臣传》，全然未提他出身汉人。满洲旗下汉人如性桂一样发迹的不多，但他的家庭历史揭示了汉人满化的基本事实。有相似经历的还有朝鲜人、蒙古人、藏人、回回等。

《八旗满洲氏族通谱》共记载八旗满洲1276姓，除满洲741姓外，还附载蒙古235姓，高丽43姓，台尼堪247姓。这些附载族姓都是清初被编入满洲八旗

和内务府的外族人后裔，他们与满洲人长期相处，生活习俗、精神面貌、心理状态均已满化，所以经清廷批准，被列入《通谱》内。

清初满洲统治者对于旗下外族成员施行强制满化政策，同时，满洲旗人享有特权地位，也促进了旗内的外族人主动地接受同化，从而推动了外族同化于满洲的过程。

当然，外族满化从来就不是单向的。在维护清朝统治的过程中，人口很少的满洲人吸收了大量的汉族文化，使八旗人员在清代中晚期大量汉化，"满汉一家"并不仅仅只是一种政策，也成了一种客观事实。

>>>寻踪觅迹
清代满族风情一条街 位于辽宁沈阳市区，形成于清光绪年间，因临近州衙，逐渐成为旅店、饭馆、茶楼、酒肆的聚集地，至今仍以饮食业为主。

12. 清初的圈地运动

清朝王公腰带上的"活计"

"活计"主要包括扇套、眼镜盒、表套、荷包、褡裢、钥匙袋、扳指套、旱烟袋等。

清朝定都北京后，入关清兵和大量满洲人涌入北京附近，但由于时间仓促，造成给养和生活困难。为解决八旗官兵的生计，清廷决定强占北京附近的土地，于是下了圈地令。顺治元年（1644）十二月规定，近京各州县汉人无主荒地和明朝皇亲、驸马、公、侯、伯、太监的遗留土地，除存活的主人按人分配外，其余全部予以圈占。过了几年，由于圈地内"薄地甚多"，外来的八旗官兵又日益增多，无地耕种，于是又决定在近京州县内，不分有主无主土地，一律与原来圈的薄地置换。

根据上述命令，旗人携绳骑马，大规模地圈量占夺汉人土地，很多农民田地被占，流离失所，饥寒迫身。一些汉人地主为求得政治上的庇护，就带地投靠满洲人。圈地后，八旗贵族和官员、兵丁，按照各自地位高低及壮丁的多少，分得数量不等的土地，但大部分好地都落入贵族和官员之手。

圈地给汉族和其他民族人民带来了极大痛苦，各地反抗纷起。社会秩序动荡不安，迫使清朝统治者从维护长远利益出发，在圈地令不断发出的同时，又不断发出停止圈地的命令，康熙二十四年（1685），圈地运动才最后停止。

>>>阅读指南

刘小萌：《清代北京旗人社会》。中国社会科学出版社，2008年8月。

赖惠敏：《清皇族的阶层结构与经济生活》。辽宁民族出版社，2011年1月。

>>>寻踪觅迹

腰山王氏庄园 位于河北顺平县腰山村，是一处城堡式清代古建筑群。王氏先人追随清太祖努尔哈赤征战，属汉军正黄旗。在清初圈地运动中，王家用跑马占圈的办法，占据了腰山方圆百余里的土地，经过几代人的努力，成为当地有名的豪绅，建起巨大的封建地主庄园。

13. 五世达赖喇嘛进京

五世达赖喇嘛朝觐顺治图（西藏布达拉宫壁画）

1642年，五世达赖和四世班禅派喇嘛赛青曲结到盛京（今辽宁沈阳）与清朝皇帝通好，受到隆重接待。《清太宗实录》记载："太宗亲率诸王贝勒大臣出怀远门迎之，太宗率众拜天行三跪九叩之礼。"赛青曲结返回前，"太宗率诸王贝勒送至演教场，大宴饯之"。

清朝入关后，顺治帝派人到卫藏（今西藏）看望五世达赖，使者在各大寺院熬茶、放布施，互相馈赠厚礼，关系非常密切。后来顺治帝又接连几次派遣专人进藏邀请五世达赖进京。1652年春天，五世达赖率领3000人的队伍，浩浩荡荡启程向北京进发，途中受到顺治帝派来的内务府大臣的迎接。五世达赖离北京不远时，顺治帝派人送来一乘金顶黄轿，让他乘坐入京。当年十二月，五世达赖到达北京，住进了清廷为他特意

>>> 小贴士

西藏定名

今西藏正式定名于清代。清初沿用蒙古语或明朝习惯，将达赖喇嘛和班禅所居之地称为乌思藏、卫藏或图白忒、土伯特等，康熙年间"卫藏"一词演变为"西藏"。雍正年间，清朝直接统治了整个青藏高原，派出官员勘察并划定西藏和青海、四川、云南的地界，从此西藏的范围总体上没有发生太大的变化。乾隆之后，西藏已成为通用的固定名词，乌思藏、卫藏已不再有人使用。1965年，西藏自治区成立，简称西藏或藏。

修建的黄寺。顺治帝在太和殿设宴为五世达赖洗尘，赏赐黄金 550 两、白银 11000 两、大缎 1000 匹，还有许多珠宝玉器等。

五世达赖在北京停留了两个月后，以水土不服为由，呈请顺治帝批准他返藏。离开北京前，顺治帝又隆重设宴为五世达赖钱行，并赏赐大量黄金、白银、珠宝、玉器等厚重礼品。五世达赖返藏走到代噶（今内蒙古凉城县）时，礼部尚书和理藩院侍郎等追赶前来，送上顺治帝册封五世达赖的金册和金印。金册共 15 页，金印用汉、蒙古、藏、满四种文字书写。

从此，五世达赖的声望大增，影响遍及信仰藏传佛教格鲁派的各个民族。五世达赖返藏后，用清廷赏赐的大量金银，建了 13 所大寺院，称为格鲁派"十三林"。他又几次巡游西藏各地，不仅扩大了影响，还使其他教派的许多寺院和僧侣纷纷改宗格鲁派。五世达赖对格鲁派寺院进行了全面整顿，制定了严格的僧制，规定了每座寺院常年居住的僧人数量，如甘丹寺 3300 名，色拉寺 5500 名，哲蚌寺 7700 名，扎什伦布寺 3800 名等，后来一直沿袭不变。

顺治皇帝颁给五世达赖喇嘛的金印

五世达赖进献给顺治帝的金嵌松石珊瑚坛城
坛城为藏传佛教密宗修行法器。台北"故宫"藏。

>>>阅读指南

五世达赖喇嘛阿旺洛桑嘉措著，陈庆英、马连龙、马林译：《五世达赖喇嘛传》。中国藏学出版社，2006 年 1 月。

宇河：《流传千年的藏传佛教故事》。华夏出版社，2010 年 3 月。

>>>寻踪觅迹

西黄寺　位于北京安定门外黄寺大街，清顺治九年（1652）为五世达赖喇嘛进京而建。乾隆四十五年（1780），六世班禅来京时也居住于此并在此去世，寺中有乾隆为六世班禅建的清净化城塔。

噶丹松赞林寺　藏传佛教格鲁派"十三林"之一，位于云南香格里拉县，是云南规模最大的藏传佛教寺院。始建于 1679 年，由五世达赖亲自选址并赐寺名。

14. 六世班禅给乾隆祝寿

1766年，乾隆皇帝册封28岁的巴丹益西为六世班禅。1780年八月十三日是乾隆的70岁寿辰，六世班禅给乾隆捎信，说他非常愿意到北京给乾隆祝寿，乾隆很高兴。六世班禅在西藏还没启程，乾隆就已经发出六道谕旨安排有关事宜，并在承德为六世班禅修建行宫。

1779年六月，六世班禅在清朝驻藏大臣的陪护下，沿着一百多年前五世达赖出藏的路线，启程去北京。一行人从日喀则出发，经羊八井，翻越唐古拉山，渡过通天河，跋涉四个月后，抵达青海的塔尔寺。由于这时天气已经很冷，他们就在塔尔寺过冬休整。乾隆对六世班禅途中的起居行止非常关心，不间断地派人给班禅送去衣物、生活用品和四时瓜果，甚至连六世班禅途中使用的帐篷式样和规格，他都亲自审定。在六世班禅抵达承德避暑山庄前两个月，乾隆就已经坐镇那里，亲自指导接待工作。

乾隆四十五年（1780）七月二十一日，六世班禅历时一年，跋涉两万里，顺利抵达承德，入住刚刚落成的须弥福寿之庙。六世班禅在承德逗留了一个多

镀金马鞍

1779年六世班禅将自己进京时乘坐的这个马鞍献给了乾隆皇帝，后来它又成为嘉庆皇帝的御用鞍。故宫博物院藏。

>>>小贴士

"班禅"的含义

在藏传佛教格鲁派中，班禅额尔德尼与达赖喇嘛地位相同。1713年，康熙帝封五世班禅为"班禅额尔德尼"，并追封以前各世班禅。班禅封号是梵语、藏语和满语的混合。"班"是梵语，"禅"是藏语，合起来是"大师"的意思；"额尔德尼"是满语，意思是"珍宝"。班禅额尔德尼全称意为"智勇双全的高贵的大学者"。自四世班禅起，历世班禅都以西藏日喀则的扎什伦布寺为母寺。

月，除了为乾隆祝寿、主持须弥福寿之庙开光典礼、当面接受乾隆的册封之外，还参加了规模空前的佛事活动，频繁与皇帝接触，备受礼遇。之后，六世班禅抵达北京西黄寺，受到数千僧人的欢迎。乾隆特意安排六世班禅游览北京，还为他在香山修建了昭庙。据说当六世班禅主持昭庙的开光仪式时，万里晴空突降微雨，这个奇异的现象给在场的乾隆留下了深刻的印象，他在御碑中说这是"散天花之喜"。

镀金镂花嘎布拉法碗
六世班禅献给乾隆的礼物。嘎布拉碗大多用古代高僧的头骨做成，是藏传佛教常用的法器和供养器。

乾隆御笔写寿娑罗树并赞图
乾隆皇帝 1780 年为祝贺六世班禅寿辰所作。西藏博物馆藏。

在北京的近两个月时间里，六世班禅主持众僧受戒，广做佛事，弘扬佛法。十月二十九日这一天，六世班禅突然觉得身体不适，乾隆闻讯急忙派御医诊视，发现他得的竟然是天花。三天后，42 岁的六世班禅在北京西黄寺圆寂。乾隆十分哀痛，下令铸造金塔安放六世班禅的遗骨。六世班禅灵塔在西黄寺大殿存放百日后，乾隆派人护送回西藏。

为了纪念六世班禅东行这个具有重要历史意义的事件，乾隆下令在西黄寺建造六世班禅衣冠塔，即清净化城塔。

>>>阅读指南
王晓晶：《六世班禅进京史实研究》。民族出版社，2013 年 7 月。
牙含章：《班禅额尔德尼传》。华文出版社，2007 年 7 月。

>>>寻踪觅迹
须弥福寿之庙　位于河北承德狮子沟南坡，1780 年为接待进京给乾隆贺寿的六世班禅而建，因此俗称班禅行宫。建筑形制仿西藏日喀则的扎什伦布寺，但某些建筑个体和细部装饰又是汉族风格，独具特色。

扎什伦布寺　位于西藏日喀则，由一世达赖根敦朱巴于 1447 年倡建，是四世班禅及其之后历代班禅的驻锡地，珍藏有历代皇帝赠送给班禅的诸多礼品文物。

15. 藏传佛教转世灵童

活佛转世是藏传佛教特有的传承方式。13世纪，噶玛噶举派的黑帽系首领圆寂后，该派推举一个幼童为转世继承人，从而创立了活佛转世的办法，各教派先后效法。14世纪和15世纪之交，藏传佛教格鲁派创立，并逐渐形成了达赖喇嘛和班禅额尔德尼两大活佛系统。经过清朝中央政府的册封和认定，达赖喇嘛和班禅额尔德尼在藏传佛教中的地位才得以确立。

1474年，藏传佛教格鲁派创始人宗喀巴最小的弟子根敦朱巴圆寂后，为了防止内部分裂，袭用噶玛噶举派的传承办法，由根敦朱巴的亲属和部分高僧指定后藏达纳地区出生的一个男孩为根敦朱巴的转世，他就是二世达赖根敦嘉措，由此形成了达赖喇嘛活佛转世系统。

达赖喇嘛的尊号始用于三世达赖索南嘉措时期。1578年，明朝蒙古顺义王俺答汗赐予索南嘉措"圣识一切瓦齐尔达喇达赖喇嘛"尊号。此后，格鲁派分别追认根敦朱巴、根敦嘉措为一世、二世达赖喇嘛。1653年，清朝顺治帝册封

西藏布达拉宫供奉的"当今皇帝万岁万万岁"牌位用汉、藏、满、蒙四种文字书写

>>>小贴士

六世达赖仓央嘉措

六世达赖仓央嘉措是门巴族人，是最受争议的一位达赖喇嘛。清康熙四十五年（1706）因政治斗争被废黜，在青海湖滨染病去世，年仅23岁。但民间传说他并未死去，而是为了躲避杀戮，舍弃名位，遁往他乡，其去向也有多种说法。仓央嘉措还是个诗人，留传下来的诗歌约有66首，大多数被冠以"情歌"之名（有学者认为实际上是含劝诫意义的宗教道歌），被译成汉、英、法、日、俄、印度等多种文字出版。

清朝乾隆皇帝册封八世达赖喇嘛的玉册
西藏博物馆藏。

五世达赖为"西天大善自在佛所领天下释教普通瓦赤喇怛喇达赖喇嘛"，以中央政府册封的形式确定了达赖喇嘛的封号和地位。从此，历世达赖喇嘛都必须经中央政府册封才能得以确认，成为一项历史定制。

1645年，清朝驻西藏地方首领、蒙古固始汗赠予罗桑曲结"班禅博克多"尊号，这是班禅名号的正式开端。其前三世班禅是追认的，对创立格鲁派有杰出贡献的宗喀巴的另一个弟子克珠杰·格勒巴桑被追认为一世班禅。四世班禅圆寂后，后藏托布加溪卡的一个幼童被认定是他的转世灵童，这样，格鲁派又建立起一个班禅活佛系统。1713年，清康熙帝正式册封五世班禅为"班禅额尔德尼"，并赐金册和金印。从此，历代班禅额尔德尼须由中央政府册封方得以确认，也成为一项定制。班禅额尔德尼活佛转世系统与达赖喇嘛转世系统的宗教地位平等。

活佛转世系统形成后，经过一系列历史演变，最终形成了以"金瓶掣签"方法认定活佛转世灵童的制度。在历史上，活佛转世灵童的认定存在诸多弊端，转世活佛往往是由"吹忠"（即护法喇嘛）做法降神祷问指定，导致贿赂吹忠、假托神言、任意妄指之风盛行，转世灵

用于认定达赖、班禅转世灵童的金瓶和签
西藏博物馆藏。

1934年国民政府追封十三世达赖的玉印
西藏博物馆藏。

童多出自原活佛族属姻娅或王公贵族之家，一些上层贵族或大喇嘛乘机操纵了宗教大权。更有甚者，噶举派红帽系十世活佛借故要分扎什伦布寺的财产，失败后竟勾引外敌入侵，危及国家和百姓安全。

面对活佛转世灵童认定中的这些弊端，清乾隆帝应西藏僧俗界"立定法制"、"垂之久远"的请求，谕令进藏官员筹议善后章程。1793年，清朝正式颁布《钦定藏内善后章程二十九条》，设立金瓶掣签制度。明确规定："大皇帝为求黄教得到兴隆，特赐金瓶，今后遇到寻认灵童时，邀集四大护法，将灵童的名字及出生年月，用满、汉、藏三种文字写于签牌上，放进瓶内，选派真正有学问的活佛，祈祷七日，然后由各呼图克图（蒙古族对藏传佛教活佛的称呼）和驻藏大臣在大昭寺释迦像前正式拈定。"认定达赖、班禅灵童时，"亦须将他们的名字用满、汉、藏三种文字写在签牌上，同样进行"。至此，金瓶掣签制度以国家法律的形式确立了下来。

金瓶掣签制度确认了达赖和班禅转世灵童的产生办法，即按宗教仪轨，由有关寺院和地方政府寻访灵童，筛选后把确定下来的灵童人选的灵异情况等禀报皇帝，请求准予金瓶掣签认定。皇帝恩准后方可择日在释迦牟尼像前由驻藏大臣主持掣签，认定转世灵童，再上奏皇帝，请求任命。皇帝批准后，由中央政府派大员前往探视并主持坐床大典。

金瓶掣签是中央政府对西藏行使主权的重要组成部分，是清朝为整治流弊、护卫黄教、使活佛转世制度得到必要的整顿而制定的"万世遵循"的具有最高法律效力的制度，既符合宗教仪轨，体现"法断"，同时有助于杜绝营私作假的流弊，弘扬正法，避免纷争。

金瓶掣签制度一颁布，就得到了达赖喇嘛、班禅额尔德尼及各呼图克图、僧众的衷心拥护。金瓶制成后，清朝派钦差大臣专程送到拉萨，八世达赖喇嘛和七世班禅都表达了无比感激之情。民国时期，九世班禅曾写信给当时的中华

>>>阅读指南
王尧：《走近藏传佛教》。中华书局，2013年3月。
蔡志纯：《藏传佛教中的活佛转世》。华文出版社，2013年7月。

民国总统，对中央政府的册封表示感谢。十世班禅是金瓶掣签的拥护者，在圆寂前四天，他曾言及"我想在释迦牟尼像前，采取金瓶掣签的办法来确定"转世灵童。

1954年毛泽东写给十四世达赖的信
西藏博物馆藏。

金瓶掣签制度形成后，掣签大权一直掌握在中央政府手中。虽然在具体实施过程中，一些形式和细节有所变通，但达赖、班禅等大活佛转世必须经中央政府批准，否则即视为非法。民国时期，内乱频仍，外患不绝，但达赖喇嘛和班禅额尔德尼仍然是由中央政府册封的。七世、八世班禅转世灵童及九世、十世、十一世达赖转世灵童均由中央政府主持金瓶掣签认定。在特殊的历史条件下，九世班禅转世灵童虽免于掣签确认，但仍是经中央政府特许的。无论是否掣签，最后决定权在中央，其他任何人均无权决定。

达赖和班禅转世的宗教仪轨自清朝颁行金瓶掣签法规之后，随着历史的发展日臻完善，成为历史定制。其主要内容包括几个方面：成立以扎什伦布寺活佛、高僧为主的灵童寻访班子；按照宗教仪轨和程序寻访转世灵童，把参加掣签的候选儿童报请中央政府批准；由中央政府派员主持金瓶掣签；把认定的灵童报请中央政府正式批准继位；由中央政府派员主持转世灵童坐床典礼。

金瓶掣签作为一项必须遵守的国家法规和宗教仪轨，对于顺利实现宗教权力的传承和延续，维护西藏的稳定和发展，保证中央政府在活佛转世问题上的最高权威，均具有重大意义。

>>>寻踪觅迹

西藏博物馆 位于西藏拉萨市。众多独具特色的文物展现了西藏灿烂的文化和悠久历史，其中"不可分割的历史"专题陈列有大量反映历代中央政府与西藏关系的实物，揭示了西藏是中国领土不可分割的重要组成部分。

北京民族文化宫博物馆 收藏3000多件全国各民族地区的地方政府或上层人物敬献给清朝皇帝的贡品和当代中央人民政府及国家领导人的礼品，其中有400多件是历世达赖喇嘛和班禅敬献的。

16. 平定三藩之乱

　　"三藩之乱"发生在清康熙统治时期。"三藩"是指镇守云南的平西王吴三桂、镇守福建的靖南王耿精忠和镇守广东的平南王尚可喜。吴三桂、尚可喜以及耿精忠的祖父耿仲明都是早期投降清朝的明朝将领，他们为清朝南征北战，立下了汗马功劳，因此被封王，给予高官厚禄。三王各拥重兵，割据一方，俨然三个独立王国，号称"三藩"。当时三藩的总兵力几乎相当于清朝绿营兵的一半，这无疑是对中央集权国家的一大威胁。三藩在他们控制的滇、黔、粤、闽等地区内铸钱、煮盐、买卖商货、开矿，横征暴敛。吴三桂还广收党羽，操练士兵，不断扩大势力，凡他任命的官吏将领，都不受朝廷吏部和兵部控制。他甚至可以向川、陕、两湖或其他地区选派官吏，名为"西选"，"西选之官几遍天下"。

　　清初，清政府由于政权初建，兵力不足，对三藩采取容忍政策。康熙熟读经典，历史上藩镇分权尾大不掉的恶果给他留下了深刻印象，因此决意撤藩。

董卫国纪功图（局部）
清朝黄璧作。描绘清朝江西总督董卫国率军在江西平三藩之乱的过程。中国国家博物馆藏。

云南昆明鸣凤山太和宫金殿道教真武大帝塑像
金殿实为铜铸，是吴三桂于清康熙十年（1671）所建，殿内供奉的真武大帝和侍女之像，据说是吴三桂依照自己和侍妾陈圆圆的身形塑造的。

他把此事作为自己亲政后要解决的三件大事之一，写在宫中的柱子上，时常可以看到，同时积极寻找解决三藩问题的有利时机。

康熙十二年（1673），尚可喜因年事已高，上书朝廷要求回辽东养老，并提出由他的儿子尚之信承袭王爵，继续留镇广东。康熙抓住这一时机下了撤藩令，不同意尚之信留镇广东，而是让尚可喜全家率部迁归辽东。吴三桂和耿精忠闻讯后，决定以退为进，假意上疏要求撤藩，以试探清廷的态度。康熙当机立断，

准二藩所请。果然，吴三桂一接到撤藩的旨意，立即于1673年十一月举兵叛乱，以"兴明讨虏"为名，一面通告全国，一面派兵进攻并迅速占领贵州、湖南、四川等省。耿精忠和尚之信也响应吴三桂，起兵叛乱，许多汉族提督也纷纷树起叛旗。一时间，战火遍及滇、黔、闽、粤、桂、湘、鄂、川、陕等省，叛军气势锐不可当。

吴三桂等叛乱的消息传到北京，清廷内部意见分歧，只有少数人坚决主张平叛，大多数人主张不要动武，甚至主

张恢复三藩的权力，向吴三桂让步。康熙力排众议，决定削平叛乱，维护国家的统一。他调集军队重点进攻吴三桂的叛军，并下令处决留京为质的吴三桂长子和孙子，表示平叛的决心。

康熙运筹帷幄，调遣军队，分兵三路：以湖广为主战场，派主力正面设防，和吴三桂针锋相对，并伺机迂回江西，袭取长沙，断敌粮道；以陕甘川为西线，派重兵阻击叛军北上；以江西、浙江为东线，分兵驻守重镇，保卫江南富庶之地，切断吴三桂与耿精忠的军事联系。

与此同时，康熙采取"剿抚并用"的策略，对叛军进行分化瓦解。他下令停撤平南、靖南二藩，招降耿精忠和尚之信；以优势兵力先击败吴三桂的亲信、陕西提督王辅臣，然后再恢复他的官爵，稳定西北局势，清除了后顾之忧。吴三桂陷入了孤立境地。

1678年，吴三桂在衡州（今湖南衡阳）称帝，几个月后即忧愤死去。在清军强大的攻势下，吴军迅速土崩瓦解，吴三桂之孙吴世璠仍进行顽抗。1681年十月，清军攻下昆明城，吴世璠自杀，历时八年的三藩之乱终于平定。

三藩之乱平定后，清政府才算真正统一了全国，并在全国行使权力。

顶戴

顶戴为清朝官吏帽顶上的珠饰，根据官阶的不同而使用不同的材质。

>>>阅读指南

范传男：《三藩之乱》。吉林文史出版社，2011年5月。

天绍：《吴三桂评传》。华中科技大学出版社，2013年8月。

>>>寻踪觅迹

贵州岑巩县马家寨 村中居民全部姓吴，自称是吴三桂后裔。

17. 康熙三征噶尔丹

内蒙古呼和浩特市席力图召康熙平定噶尔丹纪功碑

明末清初，我国北方的蒙古族分为三大部：在今内蒙古地区的是漠南蒙古，往北是漠北喀尔喀蒙古，游牧于天山以北一带的是漠西厄鲁特蒙古。厄鲁特蒙古又称卫拉特蒙古，分为和硕特、准噶尔、土尔扈特和杜尔伯特四部，其中准噶尔部势力最强，先后兼并了土尔扈特及和硕特的牧地，迫使土尔扈特人转牧于额济勒河（今伏尔加河）流域，和硕特人迁居青海。到噶尔丹当首领时，准噶尔部吞并了杜尔伯特和原隶属于土尔扈特的辉特部，进占青海的和硕特部，又攻占了回部（今新疆南疆）诸城，建立起准噶尔汗国，五世达赖赐噶尔丹可汗号。此时正是沙皇俄国疯狂向外扩张的时期，为达到侵略中国西北边疆的目的，沙俄对噶尔丹进行拉拢利诱，并阴谋策动噶尔丹叛乱。

随着势力范围的不断扩大，噶尔丹的野心愈益膨胀，在兼并了漠西蒙古后，又向东进攻漠北蒙古。漠北蒙古抵抗一阵失败了，几十万人逃到漠南，请求清政府保护。康熙派使者到噶尔丹那里，叫他把侵占的地方还给漠北蒙古。噶尔丹自以为有沙俄撑腰，十分骄横，不但不肯退兵，还大举进犯漠南。

康熙认为噶尔丹气焰太甚，野心不小，决定给予反击。他召集大臣宣布亲

>>>阅读指南

《准噶尔史略》编写组：《准噶尔史略》。广西师范大学出版社，2007年9月。

阎崇年：《康熙大帝》。中华书局，2008年5月。

征噶尔丹。康熙二十九年（1690），康熙分兵两路，左路由抚远大将军福全率领，右路由安北大将军常宁率领，康熙亲率御林军，坐镇波罗和屯（今河北隆化县）指挥战斗，总揽战局。

右路清军先接触噶尔丹军，打了败仗。噶尔丹长驱直入，一直打到离北京只有700里的乌兰布通（今内蒙古翁牛特旗）。噶尔丹得意扬扬，派使者要求清军交出漠南蒙古人，康熙命令福全反击。

噶尔丹在乌兰布通设驼城与清军决战。乌兰布通是一座红色的小山，后面有树林掩护，前面有河流阻挡，易守难攻。噶尔丹把上万只骆驼集中在山下，把骆驼的四脚缚住躺在地上，驼背上加上箱子，用湿毡毯裹住，环山摆成一条防线，称为"驼城"，士兵就在箱垛中间射箭放枪。八月初一，清军分左、右两翼包围驼城，并向驼城发射火炮，经过激烈战斗，驼城被轰开，噶尔丹乘夜色撤入山中。清军将红山团团围住，清军统帅下令只围不击，准备等其他几路军队来了之后再全歼噶尔丹。噶尔丹见形势不利，赶紧派一个喇嘛到清营求和。福全一面停止追击，一面派人向康熙请示。康熙说："赶快进军追击，别中了贼人的诡计！"果然，噶尔丹求和只是缓兵之计，等清军奉命追击的时候，他已带残兵逃回漠北去了。

乌兰布通之战，噶尔丹主力被消灭大半，曾被他征服的回部（今新疆天山以南地区）、青海各部和哈萨克等族纷纷

蒙古国博物馆藏康熙平定噶尔丹获胜纪念碑（局部）

康熙皇帝出巡图（局部）

康熙戎装像

大漠来攻，得到康熙帝率军亲征的消息，只得放火焚烧草原，仓皇撤退。费扬古的西路军追兵将噶尔丹诱至昭漠多（今蒙古国乌兰巴托东南），选择有利地形设下埋伏，噶尔丹进入伏击圈，清军先下马步战，听到号角声起，就一跃上马占据山顶，从山顶放箭发枪。激战中，费扬古又派出两支人马绕到噶尔丹侧面，在前后夹击之下，噶尔丹大败，只带了几十个人脱逃。

归附清朝，蒙古全境暂时平静。

噶尔丹回到漠北，表面上向清朝政府表示屈服，暗地里却在重新招兵买马。1695年，康熙约噶尔丹会面，噶尔丹不但不来，还暗地派人到漠南煽动叛乱，并扬言已经向沙俄借到鸟枪兵六万人，将大举进攻蒙古喀尔喀部。内蒙古各部亲王纷纷向康熙告状。康熙决定再次亲征噶尔丹。

康熙三十五年（1696）二月，清军分三路出击：黑龙江将军萨布素从东路进兵；大将军费扬古率陕西、甘肃的兵马从西路出兵，截击噶尔丹的后路；中路军则由康熙亲自率领。三路大军约定时间夹攻噶尔丹。

噶尔丹自恃有大漠天然屏障保护，毫无准备，没想到清军会长途跋涉越过

经过两次大战，噶尔丹陷入了走投无路的境地。1697年，康熙帝第三次带兵渡过黄河亲征噶尔丹。噶尔丹多年来四处征战，树敌过多，此时已孤立无援。噶尔丹的左右亲信听说清军来到，自知抵抗不过，纷纷投降，噶尔丹暴毙而亡。

平定噶尔丹，清政府重新控制了阿尔泰山以东的漠北蒙古，给当地蒙古贵族各种封号和官职，又在乌里雅苏台（今属蒙古国）设立将军，统辖漠北蒙古，北方得以稳定。

>>>寻踪觅迹

席力图召 位于内蒙古呼和浩特市旧城石头巷，始建于明万历年间。康熙皇帝第二次亲征噶尔丹时曾在此停留，并赐汉名延寿寺。

18. 统一台湾

自从三国时期孙权派人到达台湾后，历代都有很多汉人漂洋过海迁到台湾，他们和当地人民一道，逐渐把台湾开发、建设成一个美丽的宝岛。宋、元统治者都曾在台湾建立行政机构。1624年，荷兰殖民者侵占了台湾，对岛上居民进行残酷的掠夺和野蛮的殖民统治，并不断骚扰福建、广东沿海地区，驱逐荷兰殖民者的使命落在了郑成功的身上。

郑成功是明末清初著名的军事将领和民族英雄，原籍今福建南安市石井镇，其父郑芝龙是南明隆武朝的南安侯，曾组织向台湾移民，积极开发台湾岛。清顺治二年（1645），21岁的郑成功在福州受到南明隆武帝朱聿键的召见，被赐国姓朱，改名为成功，郑成功因此被人

钦定平定台湾凯旋图（局部）

清代宫廷画家所作。描绘康熙二十二年（1683）施琅大军渡海平定台湾的情景。

国姓瓶
郑成功军队使用的火药瓶——一种投掷火器。在闽南地区散布较广，很多是渔民从海里捞出的，因此外表沾满了牡蛎壳。中国国家博物馆藏。

们尊称为"国姓爷"。

郑成功的活动是在明清两朝交替和西方殖民主义者侵略东方的时期。顺治三年（1646）秋，清军进攻福建，隆武帝被擒，掌握隆武朝廷军权的郑芝龙投降了清朝。郑成功反对父亲降清，率领部下举起了反清大旗，以厦门、金门为根据地，转战浙、闽、粤东南沿海，与清军展开拉锯式的争夺战。

1659年，郑成功率领十余万大军沿水路北上，经舟山溯长江，连克扬州、镇江等城，包围南京，一时江南震动。但郑成功中了清军的缓兵之计，遭到突袭，吃了败仗，只好退回厦门。第二年，清军分二路进攻厦门，被郑成功击退。在坚持抗清的同时，郑成功和侵占台湾的荷兰殖民者展开了长期的斗争。

1661年四月，郑成功令长子郑经防守厦门，自己率战舰数百艘、将士2.5万余人，从金门料罗湾出发，经澎湖，向台湾进军。经过激烈的海战，郑军击沉荷军主力舰"赫克托"号，并于四月三十日在距普罗民遮城（今台湾台南赤嵌楼）北约5000米的地方登陆。台湾人民争先恐后前来迎接，提水担饭，协助运输。荷兰殖民者倚仗精良的火器负隅顽抗，郑成功通令他们缴械投降。荷兰人表示愿意献出10万两银子，企图引诱郑成功退兵，被严词拒绝。

五月初，郑成功攻下普罗民遮城。荷兰侵台总督龟缩在热兰遮城（今台湾台南安平古堡）内，妄图倚仗粮草充足，等待海外援助，荷兰舰队也屡次从海上进行反扑。郑成功率领英勇的水师，在台湾人民的密切配合下，给了荷兰侵略军以毁灭性的打击。1661年十二月，荷兰殖民者被迫在投降书上签字，从侵占38年的台湾撤走。

郑成功将荷兰殖民者修筑的普罗民遮城改为东都明京，设承天府衙门，开

>>>阅读指南

商金龙：《郑成功大传》。北京联合出版公司，2011年6月。

安然：《施琅大将军平定台湾传奇》。新华出版社，2006年3月。

郑成功弈棋图（局部）
中国国家博物馆藏。

始了在台湾的统治，同时将热兰遮城改名为安平城，作为郑家的府第。郑成功在台湾建立郡县制度，实行屯田法，一面生产，一面练兵，还招徕大陆移民发展农业生产。当时台湾高山族人民的生产方式很落后，郑成功将大陆先进的生产方法和技术介绍给他们，从此，高山族也开始使用牛耕和铁犁种田。

郑成功在收复台湾后不久便去世了。这时金门和厦门被清军攻陷，郑经撤退到台湾，继承了郑成功的事业。郑经抚士民，通商贩，兴学校，进人才，定制度，境内大治。在郑经割据台湾的十几年里，为了招抚他，清政府多次致函或派官员与他沟通，重要的谈判达十几次之多。

郑经死后，年仅12岁的郑克塽承位，大将冯锡范独揽军政大权，台湾政局动荡。接着，又接连发生水旱灾害，不仅粮食歉收，疫病也接踵而来，社会陷入危机之中，郑经手下的高级将官纷纷率兵投奔大陆。

针对台湾的形势，康熙起用施琅，准备用武力从郑氏手中收复台湾。经过充分准备，康熙二十二年（1683）六月，施琅率精兵2万、战船300艘，跨海取澎湖，驻守在台湾外围的郑军主力全军覆没。八月，施琅率军入台，郑克塽带领文武官员缴册降清，清朝至此完成了统一中国的大业。

1684年，清朝设立台湾府，隶属于福建省，加强了对台湾的管理和守备。郑克塽、冯锡范等人由台湾到达北京，受到善待，全部得以善终。

>>>寻踪觅迹

郑成功纪念地 福建厦门市日光岩景区有郑成功在此屯兵的龙头寨、水操台等遗址，并建有郑成功纪念馆；郑成功故乡福建南安市石井镇有延平王祠、海上视师石、靖海门、成功楼等，水头镇有郑成功墓；台湾台南市有赤嵌城和热兰遮城遗址、延平郡王祠、郑成功文物馆等，台中、台北、嘉义、南投、云林等地也有祀奉郑成功的各类庙宇。

施琅纪念地 福建晋江市龙湖镇衙口村有施氏大宗祠和靖海侯府（施琅纪念馆），泉州鲤城区有施琅故居、惠安县黄塘镇有施琅墓，泉州市丰泽区法花美村有施琅神道碑，台湾各地也有相关纪念物。

19. 平定罗卜藏丹津叛乱

清雍正元年（1723），青海和硕特蒙古贵族罗卜藏丹津公开发动武装叛乱。

和硕特是清代漠西蒙古四大部之一，是成吉思汗的兄弟合撒儿之后。清朝初年，和硕特首领固始汗率部由今新疆进入青海，统一了青海，继而又受五世达赖和四世班禅之邀进入西藏，从此统治

青海湖祭海

祭祀青海湖最初是蒙古族的传统。传说当年平定罗卜藏丹津叛乱时，清朝大军饮用水出现短缺，在青海湖边，有几匹战马的马蹄正好踏到了泉眼上，淡水喷涌而出。雍正皇帝听说后，诏封"灵显宣威青海湖"，御赐神位，并下诏每年农历七月十五日定期祭海，大规模的祭海活动从此而始，环湖的藏族人也参与进来。如今青海湖祭海仪式已完全藏化。

青藏高原长达 80 余年，时间上与清崇德、顺治、康熙三朝大体相当。"固始汗"这一称号就是藏传佛教格鲁派活佛赠予的"大国师"称号的蒙古语音译。

罗卜藏丹津是固始汗之孙，他的父亲在康熙三十六年（1697）偕青海蒙古各部首领入朝，被清朝封为和硕亲王。罗卜藏丹津承袭了父亲的爵位，成为青海和硕特蒙古贵族中唯一的亲王。康熙五十六年（1717），蒙古准噶尔部入侵西藏，杀死当时西藏的统治者拉藏汗，占领拉萨，和硕特部在西藏的统治宣告结束。1718 年和 1719 年，清朝连续两次派军队进入西藏，打退了准噶尔部，任命四个有名望的藏官为"噶伦"，共同管理西藏政务。

罗卜藏丹津一直怀有恢复先人霸业的政治野心，因协助清军入藏有功，自认为理应由他接替拉藏汗统治西藏。但清政府在平定西藏后加强了对青藏地区

>>>阅读指南

罗斌：《一口气读完清朝的那些战争》。京华出版社，2010 年 5 月。

崔永红等主编：《青海通史》。青海人民出版社，2010 年 10 月。

青海湟源县丹噶尔古城西城门——拱海门

据说当年清政府每年农历七月十五日都要派遣钦差大臣召集蒙、藏各部王公头人会盟，并在西城门外举行祭祀青海湖的仪式。其实祭海只是形式，通过会盟维护国家的和平统一才是目的。

的管理，罗卜藏丹津不仅没有捞到好处，势力反而受到抑制与削弱，为此，他非常不满，悍然发动了反清武装叛乱。

罗卜藏丹津自号达赖洪台吉，下令各部恢复和硕特蒙古原来的称号，不再使用清朝封的王、贝勒、贝子、公等爵号。叛乱之初，罗卜藏丹津曾顺利进至河州（今甘肃临夏）、西宁附近直到河东。

清雍正元年十月，清朝任命川陕总督年羹尧为抚远大将军，从陕甘各地调集精兵前往青海平叛，跟随罗卜藏丹津的蒙古各部首领闻风纷纷投降清军。第二年正月，清朝又任命岳钟琪为奋威将军率军进入青海。年、岳二人互相配合，

兵分数路，"分道深入，捣其巢穴"，罗卜藏丹津迅速溃败，其母和主要部将被擒，罗卜藏丹津带领少数随从逃往新疆准噶尔部。

乾隆二十年（1755），清军平定准噶尔部，在攻占伊犁时，罗卜藏丹津被俘。清朝采取了宽大政策，免去罗卜藏丹津死罪，将他软禁在北京，后来将他和亲属一起安置到内蒙古正黄旗监视居住，得以善终。

罗卜藏丹津叛乱被平定后，清政府采纳年羹尧的建议，实行了一系列善后措施。一是废除青海蒙古的部落联盟制，仿内蒙古札萨克制，编旗设佐领进行管辖。青海蒙古共划编为29旗，授原各部

台吉担任札萨克（旗长），治理一旗事务。同时，划定各旗的游牧地界并制定会盟、朝贡制度。二是清查青海藏族户口，使藏族脱离与蒙古部落的隶属关系，就近由地方官府委任千、百户进行管辖，同时对藏传佛教寺院进行了整顿。三是

青海湟源县丹噶尔古城乾隆十三年（1748）造的神威无敌大将军炮

对青海的行政建制作了重大改革，将明朝时设立的西宁卫改为西宁府，下设两县一卫，隶属甘肃省管辖。任命青海办事大臣作为青海最高军政长官，管理青海事务。青海办事大臣常驻西宁，故又称为西宁办事大臣。从此，青海地区完全置于清朝的直接统治之下。

金瓯永固杯

清乾隆年间清宫造办处制造。寓意大清疆土、政权永固，后成为清代皇帝每年元旦举行开笔仪式时专用的酒杯。杯上镶嵌了几十颗大珍珠、红宝石、蓝宝石和粉色碧玺等，被清代皇帝视为祖传器物。

>>>寻踪觅迹

丹噶尔古城 位于青海湟源县，处于黄土高原与青藏高原结合部，为丝绸之路要塞和唐蕃古道驿站，是古代商都、军事重镇和宗教圣地。古城始建于明洪武年间，清朝在此设丹噶尔厅，隶属西宁府。清嘉庆、道光年间，古城商贸鼎盛，国内外巨商大贾纷纷来此设立商行，驻庄经商。保留有东西城门、城隍庙、丹噶尔厅署、文庙、火祖阁、商号店铺、明清宅院等建筑，具有浓郁的民族风情和地方特色。

20. 改土归流

在土家族地区流传着一个故事，说一个名叫彭不平的人在路上遇到一个妇女抱着女儿痛哭，一问，原来是土司要强娶这个女孩。彭不平安慰了母女俩，充作女孩的表哥，去向土司提出要300两银子的聘礼。彭不平还说自己的"表妹"八字大，成亲时，一见不得生人和火光，二听不得鞭炮唢呐，三坐不得花轿，四住不得高楼大厦，要土司本人亲自背新娘到一个小院子入洞房才行，否则她是要克夫的，土司满口答应了。

彭不平把300两银子交给那母女俩，让她们去远方谋生。成亲那天，他穿上新娘衣裳，蒙上头帕，让土司把他当作新娘背走了。当穿过树林时，他撒娇道："要得夫妻常聚月常圆，丈夫背上打三拳；要得百年夫妻和，丈夫胸前踢三脚。"土司果真让他打、让他踢。彭不平把土司打得口吐鲜血，踢断了土司的两根肋骨，又将土司掀进沟里，然后大笑着走了。

这个故事当然只是个笑话而已，但也从一个侧面说明土司势力强大、为所欲为的情况。

土司制度是元、明、清三朝在西南和中东南少数民族地区实行的一种管理制度，它是由唐宋时期的羁縻州县制发展而来的，就是任命少数民族的首领为土司、土官，授予他们按照当地的传统习惯对所辖地区进行统治的权力，官职世袭，一句话，就是"以土官治土

湖北恩施土司城清代土司朝典钟
钟上铸有999字铭文，记述土司城的壮丽景观，感赋远古巴人及巴人后裔土家族慷慨悲壮的沧桑历史。钟悬挂在土司城最高处的钟楼内，显示土司权柄的至高无上和土司王业的亘古宏昌。土司朝典钟主要用于土家族神和历代土司祭祀以及朝廷册封的新土司登位朝贺，也用于每年岁时祈祷上苍免除灾害等。

民"。在边境地区，朝廷甚至允许土司保有军队。

土司制度在生产力水平不高、交通不便、民族文化差异巨大的情况下，曾起到一定的积极作用。但是，土司世代为官，独霸一方，更有一些土司专横不法，对境内人民实行政治压迫和经济掠夺，土司之间为争权夺利挑起械斗或战争，导致生灵涂炭，对朝廷也叛服无常。随着社会的发展，土司制度已日益腐朽落后，废除它已成为必然。

明朝就已经开始酝酿取消土司制度，改为在少数民族地区设立府、厅、州、县等机构，派遣有一定任期的流官进行直接管理，这种方法被称为"改土归流"。早期的改革是缓和的，如遇到土官绝嗣、土官之间互相仇杀或叛乱被平定、土官犯罪革职等，当地的土司制度即被废除，改由流官接任。

清朝雍正时期，国力强盛，大规模推行改土归流的条件已趋成熟。

雍正四年（1726），雍正皇帝命云贵总督鄂尔泰办理改土归流事宜。雍正六年，又任命鄂尔泰为云、贵、桂三省总督，统一筹划改土归流事务，同时命贵州按察使张广泗在

>>>阅读指南

黄家信：《壮族地区土司制度与改土归流研究》。合肥工业大学出版社，2007年9月。

张中奎：《改土归流与苗疆再造》。中国社会科学出版社，2012年2月。

广西泗城府知府牌匾

泗城府府治在今广西凌云县，清雍正五年（1727）取消土司设置流官。凌云县博物馆藏。

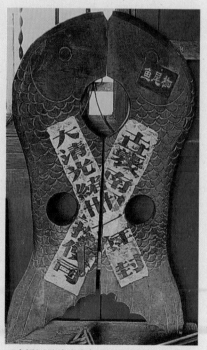

云南梁河县清代南甸土司衙署内的刑具

土司的法螺
四川马尔康县卓克基土司官寨藏。卓克基土司始封于清乾隆年间，一直执政至清末绝嗣。

黔东南推行改土归流政策。

鄂尔泰在奏折中向雍正皇帝阐述了改土归流的原则：以军事手段治其标，以根本改制治其本。对敢于反抗的土司，剿抚并用，顽抗到底者坚决剿灭；只要改悔，对抗过官兵的土司也一律宽免。重点策略是促使土司自动交出权力，表现好的可任命为流官，以尽量减少敌对情绪，减轻改土归流的阻力。

西南数省地处边疆，各民族习俗差别极大，一下子改派满汉流官，难以适应这些地区的复杂局面。因此，在废除土司世袭制度时，对土司本人，按不同的态度给予不同的处理：对积极配合者，给予赏赐，并任命为流官，有的还允许其世袭；对态度好但不习惯做流官者，发给银两，拨给田房，为之安排善后生活；对罪大恶极、血债累累且抵抗改制者，则严厉打击，从重治罪。

由于恩威并重，措施得当，改土归流取得了成功。改土归流的地区，包括滇、黔、桂、川、湘、鄂等省，涉及的民族有壮、彝、苗、哈尼、布依、侗、瑶、水等。

清政府在改土归流地区清查户口，丈量土地，与内地一样按地亩征税，但数额一般少于内地，土民的负担有所减少。同时在改土归流地区建城池，设学校，革除仇杀械斗、蓄奴、近亲通婚等陋习，兴修水利，改善交通，推广内地先进的耕种、纺织、冶铁、烧窑、采矿等技术，发展生产，提高人民的生活水平。

改土归流加强了中央政府对边疆和少数民族地区的统治，促进了少数民族地区社会经济的发展，对中国多民族国家的统一和经济文化的发展有着积极意义。

>>>寻踪觅迹

四川金川县　自然景观富集，人文景观丰富，古羌和嘉绒藏族风情浓郁。有乾隆平定金川御制勒铭噶喇依碑，有曾被列为清代四大皇庙之一的广法寺，有乾隆初年金川土司所建的"中国碉王"——关碉，有乾隆年间就已初具规模的老街，有始建于3世纪的昌都寺等相关文物古迹。

娜允古镇　位于云南孟连县。从明、清到民国时期，孟连傣族刀氏土司世袭28代，建起了规模宏大的傣汉合璧建筑群，即今娜允。

21. 多伦会盟

康熙第一次征讨噶尔丹后，总结了管理蒙古的经验教训，推行察哈尔蒙古盟旗制度，增加蒙古各部王公的数目，适当均衡各部的势力，以调节各部之间的关系。

康熙三十年（1691）四月，康熙率清军和各部大臣到达多伦诺尔（今内蒙古多伦县），漠南蒙古喀尔喀部诸王早已恭候在那里。康熙命令他们把帐幕向皇营移近25千米，按万水朝宗、众星捧月之势排列、环绕在皇营四周。清廷在皇营前设帐殿，列仪仗，置乐队，康熙按班召见蒙古王公，随后入席欢宴。

五月三日，康熙设宴与土谢图汗察珲多尔济、车臣汗乌默赫、哲布尊丹巴等35位蒙古大贵族举行会盟。康熙答应喀尔喀部的要求，实行盟旗制度，并给喀尔喀贵族规定了新的爵位和品级，赐

明黄缎绣彩云金龙纹棉大阅盔甲
康熙皇帝阅兵时穿的铠甲。故宫博物院藏。

内蒙古多伦县多伦会盟纪念柱

清代乘马牌

征调马匹的行令牌，是清朝盟旗制度的产物。为了加强对蒙古各部的控制，清廷在旗上设盟，数旗为一盟，战时应召，旗盟长要率领所属各旗壮丁出征。

请求，在多伦建了一座大型喇嘛庙，敕（chì）名汇宗寺，哲布尊丹巴呼图克图（蒙古藏传佛教大活佛）任主持。每年秋狝（秋季打猎）之前，蒙古各部王公都在此集会。康熙"或间岁一巡，诸部长于此会同述职"。

多伦会盟是清政府有效统治喀尔喀蒙古的转折，对清代巩固多民族国家的统一具有积极意义。正如康熙所说："昔秦兴土石之工，修筑长城，我朝施恩于喀尔喀，使之防备朔方，较长城更为坚固。"

予亲王、郡王、贝勒、贝子等清朝称号，同时保留蒙古贵族原有的大汗称号。凡授予清朝爵位者，均食清廷皇粮俸禄，遵守清廷法律。授爵的蒙古王公举酒誓言：永为大清臣仆，永守大清格律。

五月四日，清廷在多伦牧场举行盛大阅兵仪式，几万名满、蒙古八旗健儿"依次列阵，鸣角，鸟枪齐发，众大呼前进，声动山谷"。康熙帝身着戎装，佩带胯刀和弓箭，骑马绕场一周，下马弯弓射箭，十矢九中，蒙古王公贵族为之叹服。

康熙还应蒙古贵族建寺以彰盛典的

>>>阅读指南

金海：《清代蒙古志》。内蒙古人民出版社，2009年12月。

佟洵、路舒平：《历代王朝与民族宗教》。民族出版社，2012年11月。

>>>寻踪觅迹

汇宗寺 位于内蒙古多伦县，始建于清康熙三十年（1691），建成后康熙钦赐寺名并题匾额，御书汇宗寺碑文和汉白玉碑一对，用满、蒙古、汉、藏四种文字记载建寺的经过。

22. 平定准噶尔与大小和卓叛乱

康熙平定噶尔丹后，漠南和漠北蒙古统一于清朝，但是准噶尔部并没有安定下来。

噶尔丹死后，他的侄子策妄阿拉布坦成为准噶尔部的台吉（首领），准噶尔又逐渐强大起来。随着地盘的不断扩大，策妄阿拉布坦又滋长了分裂割据的野心，并得到沙俄支持。准噶尔部不断袭击清军据守的科布多（今属蒙古国）、巴里坤、哈密等军事重镇，并派兵侵入西藏，进行分裂叛乱活动。由于康熙及时派兵进藏协同藏军进行围剿，才将策妄阿拉布坦的叛乱势力赶出西藏。

策妄阿拉布坦死后，其子噶尔丹策零基本上遵循父亲的内外政策路线，此时正值雍正执政时期，准噶尔汗国达到鼎盛阶段，势力范围包括今新疆、青海、蒙古高原西部和乌兹别克斯坦、哈萨克

平定准部回部得胜图之呼尔满大捷（局部）

《平定准部回部得胜图》是乾隆帝传旨刊刻的一组表现清军平定准噶尔部叛乱和回部叛乱的战争铜版画，包括16幅铜版画和18幅文字，文字为乾隆御题序、战图诗文等。绘图者为清朝官廷画家郎世宁、王致诚、艾启蒙、安得义等人。

平定准噶尔勒铭碑

位于新疆昭苏县城西南中国与哈萨克斯坦边境的格登山上，立于清乾隆二十五年（1760），碑身两面阴刻满、汉、蒙古、藏四种文字的碑文。碑文由乾隆皇帝亲撰，记述乾隆二十年（1755）清军在格登山平定准噶尔部叛众等事。

斯坦、阿富汗等广大地区。雍正七年（1729），清军分西、北两路进击准噶尔，噶尔丹策零闻讯惊恐，连忙遣使要求清廷缓兵一年，雍正帝恩准。在缓兵期间，准噶尔出兵两万突袭西路清军大营，又用诈伏击北路清军，使清军损失十分惨重，清政府与准噶尔贵族之间的关系进一步破裂。雍正十年（1732），噶尔丹策零又派兵进犯，清军以三万精骑夜袭其营，准噶尔惨败，噶尔丹策零只得求和。此后，双方矛盾暂时得到缓和，维持了将近20年的和局。

乾隆年间，准噶尔汗国内乱，清政府认为消灭准噶尔贵族割据政权的条件已经成熟。

乾隆二十年（1755），五万清军分兵

>>>阅读指南

[日] 宫胁淳子著，晓克译：《最后的游牧帝国——准噶尔部的兴亡》。内蒙古人民出版社，2005年4月。

二月河：《乾隆皇帝》。长江文艺出版社，2009年9月。

玛瑺斫阵图（局部）
清代宫廷画家郎世宁作。玛瑺曾随清军副将富德讨伐准噶尔部，奋勇杀敌，以战功升为护军统领。台北"故宫"藏。

两路远征伊犁，准噶尔首领达瓦齐猝不及防，兵败被俘。不久，因与达瓦齐争权失败而归降清廷的准噶尔辉特部首领阿睦尔撒纳，公开要求清政府封他为漠西蒙古首领，被拒绝后与沙俄暗中勾结，公然发动叛乱。乾隆二十二年（1757），清廷从巴里坤等地分路进击，叛军溃败，阿睦尔撒纳乘夜带随身侍从八人投奔沙俄，不久得病死去，准噶尔汗国解体。

朝廷平定准噶尔后，以为大功告成，就将西征大军撤回内地，仅留少量兵力驻守伊犁、乌鲁木齐等处。这时，在清军平叛时摆脱准噶尔控制的回部（今新疆南疆）白山派首领霍集占兄弟（俗称大小和卓），见清军守备空虚，又公开举兵叛清自立。乾隆皇帝只好再次调兵遣将前往平叛。从乾隆二十三年（1758）五月至第二年九月，双方在库车、乌什、叶尔羌、和阗、葱岭等地展开激战，最后，大小和卓西逃，被中亚的巴达克山汗执杀。

从康熙二十九年（1690）征讨噶尔丹到乾隆二十四年（1759）平定大小和卓叛乱，清朝三代皇帝用了70年时间，彻底消灭了西部的分裂割据势力，实现了统一中国的大业。

乾隆二十七年（1762），清朝设立伊犁将军，作为管理今新疆地区的最高军政长官，统辖范围包括巴尔喀什湖以东、以南，额尔齐斯河上游，天山南北两路，直至帕米尔等地的广大地区，对加强和维护多民族国家的统一发挥了积极作用。

>>>寻踪觅迹

准噶尔古城遗址 位于新疆和布克赛尔县，是准噶尔汗国初期的王庭，是噶尔丹的父亲巴图尔洪台吉所建。现存城墙、城门、宫殿、寺庙、佛塔等残迹。

23. 伯克制度

苏公塔
位于新疆吐鲁番市葡萄乡木纳尔村，是一座造型新颖别致的伊斯兰教塔，建成于乾隆四十三年 (1778)，是清朝吐鲁番郡王额敏和卓为报清王朝的恩遇、表达对真主的虔诚而建的。

伯克制度是 18 世纪至 19 世纪清政府在回部（今新疆南疆地区）推行的一种封建统治制度。"伯克"是突厥语的音译，意为首领、管理者，原为突厥汗国的官号，是世袭地方官吏或头人的通称。

乾隆二十四年 (1759)，清朝平定大小和卓叛乱后，对伯克制度进行改革，废除了世袭制，使其成为统治新疆地区的一种官吏制度。经和田参赞大臣奏请朝廷批准，首先任命阿奇木伯克为三品

>>>阅读指南
　　杨军：《清代新疆地区法律制度及其变迁研究》。民族出版社，2012 年 11 月。
　　杨志娟、牛海桢：《中国西北少数民族通史·清代卷》。民族出版社，2009 年 1 月。

清代哈密王帽

官，伊什罕伯克为四品官，噶匝纳奇伯克为五品官，并宣布"其余各城，具一体办理"。从此，伯克制度便在除哈密、吐鲁番以外的南疆地区普遍确立、沿袭。

据文献记载，清朝在回部所设伯克名目达35种之多，并仿照内地官吏分别厘以三品至七品不等的品级。最高者为阿奇木伯克，大多由哈密、吐鲁番王族及先前归附清朝的有功伯克担任，负责管理当地城乡大小事务。各地伯克开始时没有固定名额，视地域大小和事务繁简而定。大小伯克在任期内，可根据自己的品级，领取养廉地和称为"燕齐"的种地奴仆，有军功者还可豁免一切田赋与差徭。

伯克制度实行的早期，对回部的稳定起到过一定作用。光绪十年（1884）建立新疆行省后，清政府废止了伯克制度，代之以州县制，但仍保留部分伯克的品级，以"士绅"相待，有的伯克还充当州县的官吏和乡约。

银累丝花瓶
清宫旧物，清代回部工匠所制。故宫博物院藏。

>>>寻踪觅迹

吐鲁番郡王府 位于新疆吐鲁番市葡萄乡木纳尔村，始建于乾隆年间，是清朝吐鲁番郡王额敏和卓生活和主持军政事务的地方。额敏和卓是回部贵族，因协助清朝平定准噶尔与大小和卓叛乱，得到乾隆褒奖，被封为吐鲁番郡王并允许世袭罔替。现存郡王府是根据史料记载复建的。

24. 乾隆皇帝的维吾尔族妃子

在乾隆皇帝的 40 多个妃子中，有一个来自回部（今新疆南疆）和卓家族的女子，她就是容妃。容妃的父亲是回部台吉（贵族首领），其家族世代居住在叶尔羌（今新疆莎车县）。

在大小和卓叛乱期间，容妃一家不愿意顺从追随，并且积极协助清军平叛，立了战功。

乾隆二十五年（1760），在平叛中立了功的回部上层人士及其家属应召来到北京，乾隆皇帝给他们封官晋爵，并建立安居之所，27 岁的和卓氏（容妃）也进宫并被封为和贵人，乾隆皇帝赏给她大量衣物和银两。

清朝后妃有八个等级，分别是皇后、皇贵妃、贵妃、妃、嫔、贵人、常在和答应。和卓氏没有按照常规经过常在和答应两级，一进宫就被封为贵人，表明乾隆对这位来自回部的女子的重视和喜爱。

和贵人的生活习惯

乾隆大阅图（局部）

清朝宫廷画家郎世宁绘。描绘乾隆 1739 年在京郊南苑检阅八旗官兵时的雄姿。《大阅图》共有《幸营》、《列阵》、《阅阵》和《行阵》四卷，仅传世两卷，其中第二卷《列阵》藏于故宫博物院，第三卷《阅阵》为国外私人收藏。

阿帕克霍加麻扎

位于新疆喀什市东北郊 5 千米处艾孜热特村，始建于 1640 年，是明清时期伊斯兰教霍加（圣人后裔）的陵墓，其中就有容妃家族的先人。

和宗教信仰受到了乾隆的尊重和特殊关照，在宫中，她有专门的回部厨师。她在圆明园居住时，曾在园中的方外观做礼拜，乾隆特意在观内的大理石墙上镂刻了《古兰经》经文。入宫的第二年，和贵人就晋封为容嫔，过了几年，又晋升为容妃。乾隆帝还将宫中女子赐给容嫔的哥哥为妻。乾隆第四次南巡时，容嫔和她的哥哥都随驾同行。皇帝的妃嫔很多，能陪驾外出的妃嫔却很少，容嫔

>>>阅读指南

　　班布尔汗：《最后的可汗——蒙古帝国余晖》。中国社会出版社，2009 年 2 月。

　　李秀梅：《清朝统一准噶尔史实研究——以高层决策为中心》。民族出版社，2007 年 12 月。

>>>小贴士

叶尔羌汗国

　　明清时期今新疆地区一个伊斯兰教地方政权，建立者苏丹赛义德汗是带有蒙古血统的维吾尔族人，是蒙古察合台汗的后裔。从 1514 年建国到 1680 年为准噶尔汗国所灭，历时 166 年。盛时势力范围包括今吐鲁番、哈密和塔里木盆地，都城为叶尔羌（今莎车）。欧洲因其早期统治中心在喀什噶尔（今喀什），称之为喀什噶尔汗国，中亚则称其为蒙兀儿斯坦国。

喀什艾提尕（gǎ）尔清真寺

新疆最大的清真寺，始建于1442年，从清康熙到同治年间，经屡次扩建，形成了今天的规模。

能够随驾，表明她在皇帝心目中占有很高的地位。

在乾隆皇帝的后妃中有一个维吾尔族女子并不奇怪，为了维护国家统一和民族团结，清政府对边疆少数民族一向采用恩威并重的怀柔政策。乾隆把维护统一、反对分裂的回部上层人物召进京师，加官封爵，恩礼有加，并纳他们的女子为妃，结成秦晋之好，是有深刻用意的。此后，回部的稳定局面保持了60年之久，可见乾隆的和亲政策发挥了作用。

>>>寻踪觅迹

新疆喀什市 古称疏勒，有艾提尕尔清真寺、阿帕克霍加麻扎、喀什古城等维吾尔族文化景观和木卡姆艺术等浓郁的维吾尔族风情。

清东陵 位于河北遵化市，是清朝帝王及其后妃的陵墓群。共有皇陵五座，后陵四座，妃园五座，公主陵一座。葬有顺治、康熙、乾隆、咸丰、同治五位皇帝，以及皇后、妃嫔、公主、阿哥等共计161人。其中裕妃园寝中有容妃墓。

25. 土尔扈特回归祖国

土尔扈特是卫拉特蒙古的一支。明朝末年，为了寻找新的生存环境，土尔扈特人离开新疆塔尔巴哈台故土，西迁来到了当时尚未被沙俄占领的伏尔加河下游的里海之滨。在这片人烟稀少的草原上，他们开拓家园，劳动生息，建立起土尔扈特汗国。

土尔扈特人在伏尔加河流域生活了140多年，他们始终保持着与清政府的联系。18世纪中叶，随着沙俄侵略势力不断扩大，战争越来越多，大批土尔扈特青壮年被俄国军队征去跟土耳其打仗，战争打了21年，伤亡很大。土尔扈特人再也无法在那里生活下去了。1770年，土尔扈特首领渥巴锡召集部族秘密会议，他们决定：离开沙皇俄国，返回祖国去。

1770年10月，土尔扈特人开始了震惊中外的民族大迁徙。为了表达义无反顾回归祖国的决心，他们烧毁了所有的房屋和船只。为了对付沙俄的追击和阻截，他们把17万部众分成三路大军，左右两路是精锐骑兵，负责阻击沙俄军队，中路主力护送妇女儿童。他们的目标是：到东方去，回到太阳升起的地方！

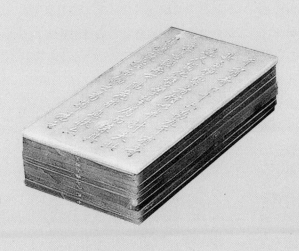

优恤土尔扈特部众记青玉册
中国国家博物馆藏。

清朝颁给土尔扈特首领的银印
新疆维吾尔自治区博物馆藏。

　　土尔扈特人东归的消息很快传到了俄国首都圣彼得堡，沙俄政府派出大批军队追来。走在外侧的一支土尔扈特队伍被哥萨克骑兵追上，由于土尔扈特人是赶着牲畜前进，来不及把散布在广阔原野上的队伍集中起来抵抗，9000名土尔扈特战士和乡亲壮烈牺牲。

　　一路上，除了残酷的战斗，土尔扈特人还不断遭到严寒和瘟疫的袭击，无数战士和牧民失去了生命，往往早晨醒来的时候，几百个围在火堆旁的男人、女人和儿童已经全部冻僵而死。面对天灾人祸，有少部分人出现了畏难情绪。在最困难的时刻，渥巴锡及时召开会议鼓舞士气。大家认为，宁死也不能回头，否则整个部族将会沦为沙俄的奴隶。大家一致宣誓：回归祖国，决不回头！

　　1771年4月中旬，在春天来临的时候，土尔扈特人终于冲破了两万多俄军和哥萨克联军的围追堵截，但是又遇到哈萨克部落的不时偷袭和掠夺，人马伤亡很多。哈萨克人采取散兵游勇的方式不断袭击土尔扈特老弱妇孺的队伍，土尔扈特人只好走沙漠地区。由于水源缺乏，有人喝了沼泽地的水，得了痢疾；牲畜喝了沼泽地的水，倒地而毙。人们只好喝牛马血解渴，几万部众牺牲，几十万牲畜死亡。

>>>阅读指南

　　道·乃岱：《土尔扈特源流》。新疆人民出版社，2010年7月。

　　王雪梅：《土尔扈特部东归祖国》。吉林文史出版社，2011年4月。

英勇的土尔扈特人掩埋了乡亲的尸体，又悲壮地踏上征程。但是，人畜都得了浮肿等各种疾病，行军速度减慢。渥巴锡决定，大家分散开，一帮一帮地走，以加快行军速度。可队伍分散后，哈萨克人又在各种间隙进攻，抢走了无数人畜和财宝。

6月中旬，盛夏酷热，人员伤亡，疾病困扰，加上缺少食物和饮水，更造成难忍的煎熬。当土尔扈特人抵达莫尼泰河时，只得暂时停下来稍事休整。可就在这时，他们又陷入了5万哈萨克联军的包围中，通往祖国的道路再次被切断！在万分危急的关头，渥巴锡派出使者与对手谈判，送还在押的1000名哈萨克俘虏，得到停战三天的休整机会。渥巴锡利用这一有利时机调整兵力，在第三天的傍晚猛攻哈萨克联军，经过浴血奋战，牺牲了无数英勇的战士，才成功突围。为了避免再遭袭击，土尔扈特人选择了一条通过沙石地区的道路，绕巴尔喀什湖西南，走戈壁，越过一条条大小河流，抵达伊犁河流域。

7月初，经过8个月5000多千米的长征，土尔扈特人终于踏上了祖国的领土。当初浩荡的大军牺牲了八九万

土尔扈特贝子沙拉扣肯进献的铁盔

沙拉扣肯被清朝封为驻牧青海的土尔扈特副盟长。故宫博物院藏。

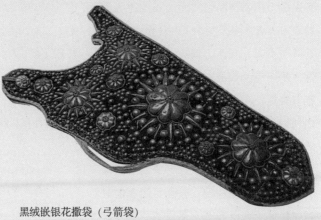

黑绒嵌银花撒袋（弓箭袋）

乾隆二十一年（1756）土尔扈特部首领敦多布达什进呈乾隆皇帝的。中国国家博物馆藏。

承德普陀宗乘之庙《优恤土尔扈特部众记》等碑

人，剩下的个个风尘满面，衣不蔽体，形容枯槁。得知土尔扈特人回归的消息，清政府派出官员到伊犁河畔迎接。全国各地纷纷捐献物品，帮助土尔扈特人渡过难关。清政府拨专款采办牲畜、粮米、茶叶、皮衣、布匹、棉花、毡庐以及其他生活用品，接济土尔扈特人，并将巴音布鲁克、乌苏、科布多等水草丰美之地划给土尔扈特人做牧场，让他们在祖国温暖的怀抱中安居乐业。

这一年，恰好承德普陀宗乘之庙落成，举行盛大的法会。乾隆皇帝在避暑山庄接见了渥巴锡等土尔扈特首领，并下令在普陀宗乘之庙内竖起两块巨大的石碑，用满、汉、蒙古、藏四种文字铭刻他亲自撰写的碑文和《优恤土尔扈特部众记》，用来纪念土尔扈特人回归祖国的壮举。如今，这两块石碑依然屹立在那里，向人们诉说着土尔扈特人那段悲壮的历史。

>>>寻踪觅迹

新疆和静县 土尔扈特聚居地，有"东归故乡"、"天鹅之乡"之称，有满汗王府（蒙王府）、黄庙、东归博物馆、民族博物馆等相关人文景观。

承德普陀宗乘之庙 "普陀宗乘"是藏语布达拉宫的意思。普陀宗乘之庙仿西藏布达拉宫而建，俗称"小布达拉宫"。

26. 木兰秋狝联络民族感情

木兰秋狝（xiǎn）是清朝皇帝在秋季行围狩猎的意思。

"木兰"为满文音译，是"哨鹿"的意思。狝即秋季打猎。哨鹿是女真部落的旧习，就是在狩猎时，猎人身披鹿皮，头顶假鹿头，吹起木制的长哨，模仿雌鹿的叫声，附近的雄鹿闻声而至，猎人乘机射杀。

每次木兰秋狝都声势浩大，常常是数万军队协助，宗室子弟、文武大臣、蒙古贵族及其本部骑兵都必须参加，各少数民族也派人协同或观摩。每次行围都是一次严格的军事演习，提倡勇敢尚武精神。对行动路线、安营扎寨、出哨、布围、合围、射猎、罢围等各项活动都有严格规定，一切与行军作战相仿。

围猎时完全遵照满洲八旗行军作战的阵法，负责指挥的管围大臣，正的是满洲王公，副的是蒙古王公台吉（首领）。黎明时分大队人马出营地，迂回绕出围场，然后从四面八方形成一个大包围圈，由外往里压缩，待列至人并肩、马并耳时即告合围完成。这时皇帝身着戎装，全身披挂，或驻马观看皇子皇孙、王公大臣和各路射手们驰逐野兽，或亲自上阵指挥，或下场射猎，金鼓声声，呐喊震天，就好像大规模的军事演习。当围的野兽比较多时，皇帝会下御旨散

清代宫廷画家郎世宁作《乾隆皇帝射猎图》（局部）

塞宴四事图（局部）

清朝宫廷画家郎世宁等作。描绘木兰秋狝时乾隆皇帝和文武百官观看蒙古族诈马（赛马）、相扑（角力）、什榜（演奏）、教驯伫（套马、驯马）等表演的情景。

塞宴四事图中的蒙古族人（局部）

开合围的一面，放它们逃逸，就是我们平常所说的"网开一面"。

清朝皇帝举行大规模的木兰秋狝，目的不单纯是为了娱乐。以骑射游牧起家并得天下的清朝统治者，期望通过木兰秋狝，保持祖先的骑射传统，并以这种方式操练士卒，加强武备，提高八旗官兵的军事素质，防止和平时期军队战斗力的减弱。

木兰秋狝还有另一层特殊的政治意义，即它是清政府同蒙古、回部等少数民族联络感情的一种手段。清初北部边防完全摒弃了古代修筑长城并派兵驻守的做法，改用与蒙古、回部等建立密切关系的策略，以实现长治久安。

每次木兰秋狝，蒙古各部首领都要带领贵族、猎手、士兵等，陪同皇帝狩猎。皇帝通过召见、比武、宴会，以及一起行围、野餐等方式，同各族领袖加深感情。据统计，康熙、雍正、乾隆、嘉庆四个皇帝，共在位158年，举行木兰秋狝105次，可见清朝统治者对这一活动的高度重视。

木兰围场是清朝皇帝划定的专供木

围猎聚餐图（局部）

描绘乾隆皇帝一行围猎结束后，正等待享受战利品的情景。

兰秋狝使用的狩猎区域，其中小则周遭数十里，大则数百里乃至数千里。1681年，26岁的康熙皇帝出巡塞外，路过今承德市境内，巡视坝上的草原和坝下的山林，见这里草盛林密，山野雄奇，是个狩猎的好地方。康熙便让占据这块地方的蒙古王公，以敬献牧场的名义，把地献给清廷，作为围场使用。"围场"之名也就从清朝一直沿用至今，成为一个县的名称。

康熙选择木兰围场作为皇家猎苑，是有其深远的政治目的和战略意义的。木兰围场北控蒙古，南拱京津，是历史上的战略要地。自设立木兰围场之后，清廷每年都要在这里以行围狩猎的方式演练军队，推行"肆武绥藩"的国策。

同时，在皇帝的导演下，木兰秋狝的活动内涵越来越丰富，清政府与各少数民族特别是蒙古贵族的联系更为紧密。

>>>阅读指南

孟阳讲述，于敏整理：《木兰围场传奇》。吉林人民出版社，2009年4月。

金泉：《热河惊变——大清王朝的历史拐点》。中国广播电视出版社，2011年1月。

>>>寻踪觅迹

木兰围场　位于河北围场县。保留有东庙宫、乾隆打虎洞、石刻、古长城说碑等十几处清代皇帝行围狩猎和北巡围场的文物古迹，以及点将台、将军泡子、十二座连营等古战场遗址。

27. 避暑山庄见证民族团结

河北承德避暑山庄是中国现存最大的皇家园林之一，始建于清康熙四十二年（1703），经康熙、雍正、乾隆三代，直到1792年才全部完工，历时89年，建成120多组建筑。山庄周边宫墙高3米，长10千米，被称为"小长城"。

俗话道：明修城，清修庙。"明修城"指的是修筑万里长城，明代修筑长城历时最长，工程也最坚固。"清修庙"并非专指修某座寺庙，而是泛指清代皇帝对长城之外的少数民族采取怀柔政策，尊重少数民族宗教信仰的举措。承德避暑山庄等一些建筑的兴建，就与清朝对待少数民族的特殊国策有直接或间接的关系。

在避暑山庄的东面和北面，武烈河两岸和狮子沟北沿的山丘地带，共建有11座寺院，因分属8座寺庙管辖，所以通称"外八庙"。这些建筑群陆续建于康熙和乾隆年间，是出于政治原因，仿照西藏、新疆等兄弟民族的著名寺院形制建造的。如普宁寺仿西藏扎囊县的桑耶

万树园赐宴图（局部）

清代宫廷画家王致诚等作。描绘1754年乾隆皇帝在避暑山庄万树园接见并宴请厄鲁特蒙古杜尔伯特部台吉三策凌的壮观场面。故宫博物院藏。

马术图（局部）

郎世宁作。描绘八旗子弟在承德避暑山庄为乾隆皇帝和文武百官表演马术。故宫博物院藏。

寺，安远庙仿新疆伊犁的固尔扎庙，普陀宗乘之庙仿拉萨布达拉宫，须弥福寿之庙仿日喀则扎什伦布寺等。庙宇按照建筑风格分为藏式、汉式和汉藏结合式三种。这些寺庙融汉、藏等民族建筑艺术的精华，气势宏伟，极具皇家风范。

1713年，蒙古诸王公为庆贺康熙帝60岁寿辰，上书奏请在承德避暑山庄外围建一座寺院，作为庆寿盛会之所。康熙帝欣然恩准，遂建造了溥仁、溥善二寺。"溥"通"普"，是普遍、广大之意，合起来就是皇帝深仁厚爱普及天下的意思。

康乾时期是清朝的鼎盛期。乾隆发扬了利用藏传佛教团结蒙古、藏等民族的政策。他表示：只要发扬黄教（藏传佛教格鲁派），就可以使蒙古各部安定下来，这绝不是一件小事。因此，继康熙之后，乾隆又在避暑山庄附近陆续修建

了普宁寺、普佑寺、安远庙、普乐寺、普陀宗乘之庙、广安寺、罗汉堂、殊像寺和须弥福寿之庙等黄教寺庙，它们也成为清朝处理边疆少数民族事务的重要活动场所。

1770年乾隆60岁寿辰，1771年乾隆母亲80岁寿辰，乾隆仿康熙60岁寿辰建寺之举，借蒙古、青海、新疆、西藏等地的少数民族王公首领来承德祝寿之机，下令仿西藏布达拉宫，在承德兴建了俗称小布达拉宫的普陀宗乘之庙。

>>>小贴士

藏传佛教四大活佛

即达赖喇嘛、班禅额尔德尼、哲布尊丹巴呼图克图、章嘉呼图克图。达赖和班禅为西藏活佛，哲布尊丹巴和章嘉为蒙古活佛。"呼图克图"为蒙古语"圣者"之意。清代，哲布尊丹巴是漠北蒙古（外蒙古，即今蒙古国）藏传佛教的最大活佛，章嘉是内蒙古藏传佛教的最高活佛。

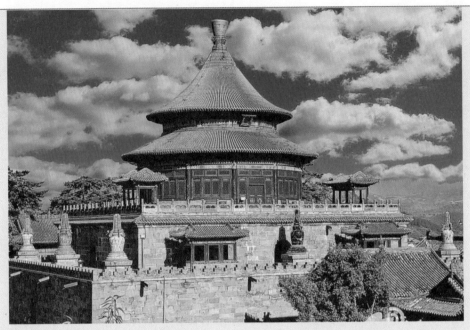

普乐寺

建于乾隆三十一年（1766）。当时生活在巴尔喀什湖一带的哈萨克族和生活在葱岭以北的布鲁特人（柯尔克孜族）等西北各民族代表经常到避暑山庄朝觐，乾隆建这座庙宇以表示对他们的宗教信仰的尊重。"普乐"即天下统一、普天同乐之意。

寺庙建成时，各民族首领都来觐见，留下了当年全国民族团结盛会的佳话。

避暑山庄是清朝皇帝避暑消夏和从事政治活动的重要场所，是清朝的第二政治中心，清帝每年都有大量时间在此处理军政要事，接见外国使节和边疆少数民族政教首领。以乾隆为例，1754年接见厄鲁特蒙古杜尔伯特部台吉三策凌，1760年接见在平定准噶尔叛乱中立功并内迁热河（今承德）的蒙古达什达瓦族人，1771年隆重接见率部众从俄国归来的蒙古土尔扈特部首领渥巴锡，1780年接见六世班禅，1790年接见台湾高山族首领怀目怀。

可以说，避暑山庄见证了中国多民族统一国家最后形成的历史。

>>>**阅读指南**

星全成、陈柏萍：《藏传佛教四大活佛系统与清朝治理蒙藏方略》。青海人民出版社，2010年1月。

戴逸：《清史研究与避暑山庄》。辽宁民族出版社，2005年12月。

>>>**寻踪觅迹**

避暑山庄 位于河北承德市，由皇帝宫室、皇家园林和宏伟壮观的寺庙群组成，内有康熙、乾隆钦定的七十二景，最大特色是山中有园，园中有山。建有避暑山庄博物馆陈列相关文物。

28. 理藩院管理少数民族事务

理藩院是清朝管理蒙古、回部和西藏等少数民族事务的最高权力机构，在1861年总理各国事务衙门成立之前，也掌管一部分外交事务，比如与俄国交涉事宜等。

清代蒙古分为漠南、漠北、漠西三部分。1631年，漠南东部以科尔沁为首的蒙古各部先后归顺清朝。同年七月，皇太极设立吏、户、礼、兵、刑、工六部，各部里设蒙古承政一员，负责处理有关蒙古的事务。1636年，漠南蒙古各部均归顺清朝，皇太极设立蒙古承政(俗称蒙古衙门)，专门处理蒙古事务。随着需要处理的事务日益增多，1638年将蒙古承政改为理藩院。1662年，理藩院升格，与中央六部同等级。

在理藩院的主持下，清朝制定了《理藩院则例》、《蒙古律例》等，作为统治蒙古的法律依据和准绳；制定了《西藏通制》和《回疆则例》，加强对西藏、

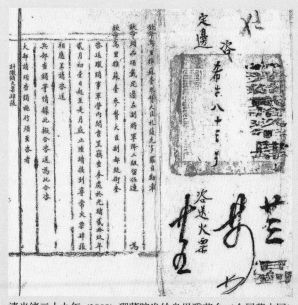

清光绪二十九年 (1903) 理藩院发给乌里雅苏台（今属蒙古国）参赞大臣的咨文

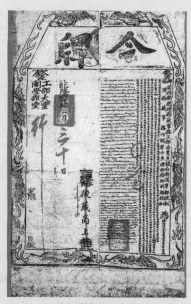

清朝驻藏大臣令牌

清代济咙呼图克图银印
济咙是藏传佛教格鲁派高僧之一，历史上曾两次出任摄政，代理达赖喇嘛职务。西藏博物馆藏。

珍珠冠
清代西藏贵族妇女冠饰，由上万颗天然珍珠串缀而成。西藏博物馆藏。

新疆畏吾儿（维吾尔）族的管理；对实行土司制度的地区，则在适用于全国的基本法典《大清律例》内专门增纂了大约十条条例。

此外，理藩院还负责管理朝廷所建的藏传佛教寺院。乾隆年间，北京、承德共有40多座直属理藩院的庙宇，其中北京32座，承德8座。

清朝对少数民族地区进行立法管理无疑是一大历史进步，既照顾了少数民族的特殊性，又保证了国家领土和主权的完整。后来理藩院改为理藩部，辛亥革命后，改名为蒙藏事务局。

>>>阅读指南
　　李洪峰：《读一点清史》。人民出版社，2013年3月。
　　孛儿只斤·苏和等：《蒙古三大部》。内蒙古人民出版社，2012年1月。

>>>寻踪觅迹
　　理藩院旧址　位于北京东黄城根北街甲20号原中法大学院内。
　　贝子庙　位于内蒙古锡林浩特市，始建于清乾隆八年（1743），历经七代活佛精修而成，是内蒙古藏传佛教圣地。

29. 新疆建省

1840年鸦片战争后，英、俄、日、法等列强掀起了瓜分中国的狂潮，造成我国西北、东北和西南局势动荡，边陲四境危机四伏，国内的民族矛盾、阶级矛盾也不断激化。同治三年（1864），今新疆维吾尔、回等少数民族在陕甘回民起义的影响下，发起了大规模的反清武装暴动，迪化（今乌鲁木齐）、喀什噶尔（今喀什）、伊犁等地成立了多个割据政权。同年，沙俄趁火打劫，胁迫清政府签订了不平等的《中俄勘分西北界约记》，侵吞历来属于我国的巴尔喀什湖以东、以南的44万多平方千米的领土，并企图进一步蚕食新疆，对地处交通要道、土地肥沃、物产丰富的伊犁，沙俄更是虎视眈眈。

1710年，乌兹别克人在中亚建立浩罕国，并于乾隆年间归附清朝。同治四

新疆霍城县伊犁将军府淳朴、憨拙的清代石狮
霍城县即清代惠远古城所在地，也是伊犁将军的驻地。

新疆霍城县霍尔果斯中国与哈萨克斯坦边境上清代俄国人立的中俄18号界碑

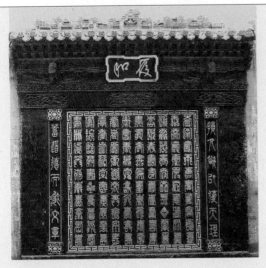

山西祁县乔家大院百寿图影壁

上有 100 个字态各异的鎏金"寿"字，楹额"履和"及对联"损人欲以复天理，蓄道德而能文章"为左宗棠所题。在清朝收复新疆的过程中，晋商乔致庸曾为清军筹办军饷和粮草，后左宗棠途经祁县，应乔家之请，题了这副对联。

督左宗棠等人一直积极推动清政府派军队收复被占领土，左宗棠更是提前着手收复失地的准备。同治十一年（1872），左宗棠率军进驻兰州，并整顿军队，减少冗员，增强战斗力，同时筹措军饷，积草屯粮。左宗棠从一个军人、一匹军马每日所需的粮食草料入手，做了调查，精细计算全军 8 万人马一年半时间所需的用度。在估算全程的运费和消耗时，甚至比较了用毛驴、骆驼驮运还是用车辆运输更节省开支。经过周密测算，左宗棠向朝廷申报了 1000 万两军费。左宗棠还设立兰州制造局，从广州、浙江等地调来专家和熟练工人制造枪炮。

年（1865），喀什噶尔的割据者为了扩大势力，竟引狼入室，请求浩罕国的支持。浩罕国奸雄阿古柏乘机侵入南疆，在不到两年的时间里，就侵占了整个南疆，建立军事独裁的"洪福汗国"，实行殖民统治，压榨新疆各族人民。到了 1871 年，阿古柏乘清朝忙于镇压内地各省农民起义之机，仰仗英国等西方列强的支持，几乎侵占了新疆全境，清军仅剩下塔城、乌苏两个据点，艰难维持。

阿古柏势力的扩张威胁到了沙俄的利益，1871 年 5 月，沙俄以"安定边境秩序"为借口，出兵侵占了伊犁，并企图强迫清政府割让伊犁。

新疆被阿古柏和沙俄侵占，陕甘总

1875 年，在基本平定内地各省的农民起义后，清政府批准了陕甘总督左宗棠收复新疆的计划，并任命左宗棠为钦差大臣，督办新疆军务。此时清朝国库空虚，朝廷只拨给左宗棠 500 万两白银，还有一半允许他向外国借贷。听说左宗棠要借钱打仗，各国趁火打劫，利息大涨，最后左宗棠选择向要价稍低的法国

>>>阅读指南

田卫疆、周龙勤主编：《清朝时期的新疆》。新疆美术摄影出版社，2009 年 9 月。

吴福环主编：《新疆的历史及民族与宗教》。民族出版社，2009 年 7 月。

银行借钱。

俗话说兵马未动，粮草先行。新疆路途遥远，为运输军粮，左宗棠确立了三条路线：一是从甘肃河西出嘉峪关，过玉门，至新疆的哈密；二是由包头、归化（今呼和浩特）经蒙古草原至新疆巴里坤或古城（今奇台）；三是从宁夏经蒙古草原至巴里坤。左宗棠还提前命张曜驻军哈密，兴修水利，屯田积谷。

光绪二年（1876）四月，清军正式进军收复新疆。根据新疆的形势，左宗棠制定了"先北后南，先迟后速，缓进急战"的战略。因为新疆地形南阔北窄，北疆易守难攻，南疆易攻难守，攻下北疆后不仅可为进军南疆提供后勤基地，进退自如，还可以截断沙俄和阿古柏的联系。"先迟后速，缓进急战"是基于当时新疆交通不便，路途遥远，军队后勤保障困难。为了保障后勤需要缓进，快速击破敌军必须急战，以最大限度地减少军费开支。

进军新疆要经过位于罗布泊和玉门关之间著名的莫贺延碛（今哈顺戈壁），军队遇到的最大问题是人畜饮水难以解决，因此只能分批分期行进。年过花甲的左宗棠坐镇肃州（今甘肃酒泉），把大

新疆霍城县清代惠远城钟鼓楼

清代建了两个惠远城。第一座城建于1763年，后毁于战火、洪水等天灾人祸，今只存部分城墙和土墙墩。1882年，清朝在旧惠远城以北按旧城规制又筑起一座新城，即今天所见惠远古城。从1762年到1912年的150年间，共有33位伊犁将军在此任职，他们忠于国家、献身边疆的精神永远为后世铭记。

军分成两路，千人一队，隔日进发一队，到哈密会齐。各部到达哈密后，把从各地陆续运到的军粮再辗转搬运，翻过东天山九曲险道，运到巴里坤和古城。

5月，各路清军会合，9月攻克北疆重镇乌鲁木齐。由于战略得当，谋划仔细，并且得到新疆各族人民的支持，到1878年初，清军仅一年多时间，就收复了除伊犁之外的新疆领土，阿古柏暴亡。

随后，左宗棠积极部署进军伊犁。慑于清军的威力，在清廷的多次交涉下，沙俄极不情愿地坐到了谈判桌前。为了声援中方谈判代表曾纪泽，左宗棠将钦

左公柳

左宗棠进军新疆，深感西北大漠气候干燥，寥无生气，于是命令士兵随身携带树苗，在大道沿途、宜林地带和近城道旁遍栽杨树、柳树和沙枣树。大军一路走一路栽，竟然形成了"连绵数千里绿如帷幄"的塞外奇观。为了纪念这一不朽功绩，人们将左宗棠及其部属所植柳树称为左公柳。

差大营迁到哈密，指挥号称四万的"王师"向伊犁方向挺进。他还让人将自己的棺材从肃州抬到了哈密，借以表示血战到底收复伊犁的决心。左宗棠的军事后盾对曾纪泽是一个巨大的支持，几经周折，光绪七年（1881）2 月，《中俄伊犁条约》签订，被沙俄强占 11 年之久的伊犁终于回到了祖国的怀抱。

收复新疆后，左宗棠等几位大臣先后上疏朝廷，提出设行省以保新疆长治久安的建议。光绪十年（1884）11 月，清政府晓谕天下，正式建立新疆省，管辖天山南北地区，省会迪化。在收复新疆时指挥主力军并立下大功的刘锦棠被任命为第一任新疆巡抚，魏光焘为首任

布政使。

不过，新疆省并不是清代唯一被称为"新疆"的地方。早在清初，清政府就把平定地方割据势力后重新统一的地区一律称为"新疆"，意为"故土新归"。如当时四川的大小金川地区叫"金川新疆"，云南的乌蒙山区称作"改土新疆"，贵州安顺、镇宁一带称为"上游新疆"，黔东南古州为"下游新疆"。

建省之前的新疆地区，自汉朝到清初一直称为西域，清乾隆年间曾称南疆地区为"新疆回部"，称北疆为"西域新疆"，这些地方由"西域"改为统称"新疆"，是清道光元年（1821）的事。

在历史的滚滚洪流中，那些曾经叫作"新疆"的地方，由于种种原因，逐渐变换了名字，沿用至今的就只有我国大西北的这一个新疆了。

>>>寻踪觅迹

新疆霍城县 惠远古城有伊犁将军府、钟鼓楼、文庙、衙署、伊犁边防史馆、林则徐故居、东城门、北城门、俄罗斯领事馆、林公木树园等清代相关文物景观。

新疆巴里坤县 清代新疆军事重镇。从乾隆至宣统的 100 多年间，派驻于此的总兵有 73 位。左宗棠收复新疆期间，这里是清军的后方根据地，提供军马、粮食等多种支持。今县城所在地为清代古城址，雍正九年（1731）和乾隆三十七年（1772），分别在这里修建了供汉、满军民居住的汉城和满城，今城墙、城门、粮仓、民居等众多清朝古迹仍然完整保留。

30. 台湾建省

经过郑成功家族二十多年的经营，到清朝统一台湾时，台湾已经是一个非常富庶的地区了。施琅向清廷奏报台湾物产丰富的情形，说台湾"一切日用之需，无所不有"。

1683年十二月，在收复台湾中立下汗马功劳的施琅，以自己的亲身经历，请求清廷派人员和军队驻守台湾。他认为台湾虽属外岛，但关系到东南沿海的安危，地理位置和战略地位十分重要。台湾物产丰饶，"红毛"（泛指西方国家）一直在不断寻找机会企图霸占它。台湾一旦被外国人侵占，沿海地区就不得安宁了，很多大臣也赞同施琅的远见卓识。于是康熙皇帝决定让军队留守台湾，在台湾设一府三县，隶属福建省，台湾的行政建制从此与祖国内地实现了统一。

1721年，清廷设巡视台湾监察御史官职，增设彰化县和淡水厅，1727年又增设澎湖厅。

明治维新后，日本国势渐强，开始对外进行侵略扩张。清同治十年（1871），一艘琉球国的船在航行时遭遇台风，漂流至台湾南端，船上66人上岛后因闯入台湾当地居民住地，有54人遭到当地人误

台湾高雄市清代凤山县旧城北门门神

>>>阅读指南

陈捷先、阎崇年主编：《清代台湾》。九州出版社，2009年11月。

张海鹏、陶文钊主编：《台湾简史》。凤凰出版社，2010年10月。

亿载金城

位于台湾台南市安平区，俗称大炮台，是清末为加强海防而筑的工事之一，也是台湾第一座西式炮台，清同治十三年（1874）由福建船政大臣沈葆桢所建。城门外上方"亿载金城"和城门内上方"万流砥柱"都是沈葆桢亲笔。

刘铭传手迹

杀。1874年，日本以琉球渔民被杀这件事为借口，以保护琉球"属民"为由，派兵入侵台湾，高士佛社、牡丹社等地台湾原住民奋力抵抗后还是失败了，日军攻占了牡丹社，并以此为根据地，建立都督府，准备久居，史称牡丹社事件。

琉球国位于台湾岛和日本的九州之间，是中国明、清两代藩属。牡丹社事件后，日本派全权大使来华办理台事交涉，英、法、美三国从中"调停"，逼迫清朝向日本让步。当时清朝处于西北边疆和东南海防两头吃紧的状况中，于是被迫与日本就台湾事宜签订了《北京专约》，承认日本出兵台湾是"保民义举"，并赔偿军费50万两，以换取日军撤出台湾，这为清朝"承认"琉球为"日本属

绩光铜柱坊

位于福建厦门市同安区顶溪头村，是康熙五十六年（1717）福建水师提督施世骠等人为施琅而立，铭文歌颂了施琅收复台湾的伟业。

国"提供了口实。1879年，日本利用这一口实正式吞并琉球，并改为冲绳县，琉球国灭亡。

牡丹社事件引起了清廷对台湾问题的重视，朝廷派福建船政大臣沈葆桢为钦差大臣，率领军队驰往台湾，赴台筹划、办理海防事宜，兼理各国事务。沈葆桢上奏请求将福建巡抚移驻台湾，加强对台湾的管理，并提出和实行了一系列改革措施，如推动台湾土地开发、加强海防、建立军用和民用工业等。

1884年，中法战争爆发，台湾海防的地位日趋重要。战争一结束，左宗棠就遵旨筹议海防事务，他论证了台湾立即建省、派大员驻扎控制的必要性，得到了朝廷许多要员的赞同。光绪十一年（1885）九月，清政府下诏将福建巡抚改为台湾巡抚，移驻台湾，作为管理台湾的最高长官，并任命刘铭传为首任台湾巡抚。原福建巡抚的事务，改由闽浙总督兼管。

1887年，台湾正式建省，名称为"福建台湾省"，台湾巡抚也更名为福建台湾巡抚，其用意是为了使台湾与福建联成一气，闽台联防，互相支撑。

刘铭传在治理台湾任内，整顿吏治，协和民族关系，兴建铁路、公路，发展邮电、交通和航运事业，开矿并兴办各类实业，振兴教育和文化事业，为开发台湾和台湾的近代化作出了重要贡献。

>>> 寻踪觅迹

台湾凤山县旧城 又称左营旧城，位于高雄市左营区，是清代台湾"一府三县"之一，现存城址是清道光五年（1825）重建的。东门、南门、北门、城墙、护城壕及北门外镇福社、拱辰井等保存良好。

刘铭传故居 位于安徽肥西县刘老圩。"圩"在当地指建筑设施。刘铭传故居附近还有刘氏家族和清代淮军将领所建的大大小小圩子，方圆百里，形成独特的景观，被称为"淮军故里圩堡群"。刘铭传墓在故居附近的大潜山上。

31. 清代蒙汉经济交流

少小胡姬学汉装，

满身貂锦压明珰。

金鞭骄踏桃花马，

共逐单于入市场。

这首诗描述的是明朝时"京西第一互市"来远堡（今张家口）互市的热闹景象，同样也可以用来形容清代蒙汉经济交流的盛况。

由于和清政府关系密切，清代蒙古政治局面一直比较稳定。清政府在蒙古地区采取了一些促进生产的措施，如划分旗界、固定牧场、救济灾荒、建立仓储、派人传授农业耕作技术、发放农具和种子等，使蒙古经济有了较快发展，一些王公贵族拥有的畜群可以千头、万头计算。这时，内地由于封建剥削严重，又接连不断地发生灾荒，加上人口数量大大增加，使谋生变得越来越艰难，大量汉族农民流入蒙古地区，从事垦荒种植。蒙古王公贵族为了增加收入，也乐

大境门

位于河北张家口市，始建于清顺治元年（1644），是连接边塞与内地的交通要道，也是明清时期蒙汉重要的商贸场所。大境门段长城始建于明成化年间。

水母宫

位于河北张家口市卧云山下，建于清乾隆四十七年(1782)。张家口是中原与北方少数民族互市贸易的重要场所。清雍正之后，张家口成为我国最大的毛皮集散地，大量毛皮在这里加工鞣制，于是人们发现了卧云山下的这股泉水。经此泉水浸泡、洗鞣的毛皮柔软铮亮，毛皮商因此财源茂盛，于是集资修建了这座水母宫。

里馆或外馆里，这一带就形成了汉蒙交易的繁华市场。同时，汉族商人也深入蒙古各地，带去粮食、布匹、砖茶、绸缎、铜铁器等，购进毛皮、牲畜和药材。在各地寺庙周围或驻兵地点，都形成一些定期的集市，后来又形成较大的商业城镇。张家口是蒙古入京的要道，据说康熙时只有 10 余家商店，雍正时增至 90 余家，乾隆末增至 190 余家，嘉庆末又增至 230 余家。归化城也是商贾云集，旧城太狭小，雍正末在城东建新城绥远，后来新旧城合称归绥，成为今天内蒙古呼和浩特市的基础。多伦集市则以寺庙为中心，18 世纪之后，一些商人和垦荒农民逐渐定居，使之成为内蒙古重要的宗教和商业中心。

于把牧地改为农田，租给汉民耕种，越来越多的汉族农民在蒙古落户。随着农业的发展和民族往来的增多，蒙古人逐步改变了单纯食肉的饮食习惯，居住也过渡为定居或半定居状态。

蒙古与内地建立了频繁的贸易交流。蒙古的王、公、台吉等到北京总要带着商队和土特产，他们住在理藩院特设的

>>>阅读指南

曹道巴特尔：《蒙汉历史接触与蒙古语言文化变迁》。辽宁民族出版社，2010年12月。

乌日陶克套胡：《蒙古族游牧经济及其变迁》。中央民族大学出版社，2006年9月。

>>>寻踪觅迹

河北张家口市 自古就是北方草原民族与中原诸民族交错杂居之地，明清时期成为蒙汉贸易交流的中心，摊铺栉比，商贾云集。张家口古城俗称堡子里，至今仍保存众多明清建筑等文物古迹。

高家堡古城 位于陕西神木县，始建于明正统四年（1439），清代续建。由于北通河套，南接河东，自古即为商贸集散重镇。各地边商在此购买茶叶、布匹、日用百货等赴蒙古各旗贩卖，数量之巨，难以估计。清末，杭、韩、彭、宋四大家族财势纵横，称雄塞上。

32. 康定锅庄与边茶贸易

今天，在藏、彝、傈僳等民族聚居的地区，人们习惯跳一种叫"锅庄"的舞蹈，男女围成圆圈，自右而左，边歌边舞。

锅庄的起源有多种说法，有的说早期与西藏奴隶社会的盟誓活动有关，有的说是藏人在家里围着支锅石桩跳舞形成的。明清时期，打箭炉（今四川康定）一带，有一种商行也叫锅庄，它们收购土产，代办转运，并设有客栈，过往的藏族商贾常常在这里居住。晚上，在院内的空地上垒石支锅熬茶，人们围着火塘，边喝茶，边唱歌、跳锅庄舞。

康定锅庄是汉藏民族贸易的中介机构，是茶马互市和边茶贸易的产物。康定最早的锅庄出现在明代永乐年间。清代，康定四大土司之一的明正土司率领13位头人来到打箭炉，在这里支锅设帐，随时待命。13位头人支了13口锅庄，设了13顶篷帐，当地人称为13家锅庄。

茶马互市是我国历史上边疆少数民族与中原汉族、朝廷间一种以茶易马或以马换茶为主要贸易内容的经济往来方式。清朝初期，战事频仍，政局不稳，为稳定边疆和解决兵饷战马的不足，仍因袭茶马贸易旧制并实行因俗而治政策。顺治元年 (1644)，清朝在西北地区设立

藏族锅庄舞

四川西部茶马古道上的丹巴藏族村寨被称为中国最美的乡村

五个茶马司，云南、四川的汉藏茶马贸易一直到康熙年间都比较频繁。到了康熙统治中期，大规模的战争已经结束，对马匹的需求减少，茶马贸易开始淡化。同时，由于采取了一系列有效的政策和措施发展生产，社会秩序进一步稳定，呈现出初步繁荣的景象。到了雍正时期，清朝不仅控制了满、蒙古民族马匹的来源，而且在察哈尔和辽西设立了牧马场，乾隆年间又在甘肃、新疆建立牧马场，军马和御马的需要得以解决，茶马贸易进一步衰弱。

随着边疆地区经济的发展，人民生活的改善，需要的内地商品种类日渐增多，而内地虽然对马的需求减少了，但对皮革、黄金、虫草等珍贵药材的需求却大量增加。交通的改善和"满蒙一家"、"内外一体"等民族政策使各民族的往来更加频繁，蒙古、藏、回等民族商人大量涌入内地，内地商人也进入边疆，冲破了官办茶马贸易的樊笼。乾隆年间，茶马互市退出了历史舞台，取而代之的是与茶马互市有相同意义的边茶贸易。

与茶马互市由官营不同，边茶贸易由商人自主经营，商品的种类更丰富，交易方式更灵活。由于边茶贸易的迅速发展，四川成为川藏商贸的中心，藏区也出现了打箭炉等商贸集市，茶马古道不仅没有因茶马互市的淡出而衰弱，反而因边茶贸易更加繁荣。

康定锅庄最初的功能单一，就是听差侍贡，为明正土司办理一切内外事务。随着康定城的发展，锅庄不再是篷帐，逐渐被四合大院取代。修建了四合大院的锅庄又不满足于仅仅为土司支差，加

四川西部茶马古道上的丹巴雕楼

丹巴碉楼是当地嘉绒藏族的杰作，其建筑年代从唐朝一直延续到清代，规模宏大，类型多样，建筑技艺高超，具有极高的美学、社会学、历史学、民族文化学等价值，至今仍有许多尚未揭开的谜。

之边茶贸易量日益扩大，往来藏商增多，锅庄就成了藏商食宿的最好去处。藏商有大量土特产要存放，有大群驮牛要喂养，需要找可靠的茶商进行交易，于是锅庄的功能又进一步拓展，不仅兼营食宿，还兼做货栈，兼管牲畜，兼当中介。这样，锅庄就演变成茶马古道上一种独有的经营性机构。清代的打箭炉，土酋纳贡的使者、应差的杂役、部落商人和汉地茶商往来不绝，繁荣的景象，被人称为"小北京"。

>>>阅读指南

沈生荣：《图说晚清民国茶马古道》。中国农业出版社，2004 年 11 月。

四川省文物管理局编：《边茶藏马》。文物出版社，2012 年 5 月。

>>>寻踪觅迹

四川康定县　地处川藏咽喉，自古就是康巴地区政治、文化中心，也是汉藏茶马互市的中心，多民族、多种文化，构成了多元而丰富的人文景观。

33. 湖广填四川

当代四川人口中，有80%以上是清代"湖广填四川"大移民运动的移民后裔，在成都，这个比例更高达95%以上。

清代前期的湖广填四川是中国移民史上的一个重大事件。四川之所以要"填"，是由于人口极度稀少，需要充实。元末明初，四川遭蒙古、流寇等的拉锯战，造成人口锐减，明朝就曾对四川进行过移民。可是到了明末清初，四川再一次陷入30年的战乱，人民遭受了一次又一次的屠戮。1644年，张献忠率领农民起义军入川，建立大西政权，定都成都。明清时期，四川与"滥杀"联系在了一起：明军滥杀，清军滥杀，地方豪强滥杀，乡村无赖滥杀邀功，张献忠也有滥杀之嫌，继而是南明与清军的战争，还有吴三桂反清后与清军的战争。明军、清军、地方武装以及张献忠的大西军等在四川持续鏖战，加上战乱导致的瘟疫流行，使四川的人口几乎丧失殆尽，繁华的城镇、肥美的农田都成为一片废墟。据官方统计，1668年四川成都全城只剩下人丁7万人，一些州

伤心凉粉

四川特色小吃。其名称来历有两种说法：一种说法是当年湖广填四川来到成都洛带镇一带的广东客家人在思念家乡时做的凉粉，因为思念而伤心，故得名；另一种说法是指该凉粉很辣，吃凉粉的人被辣出了眼泪，好像遇到了伤心事。

张献忠的赏功钱

县的人口只剩下原有的10%或20%，四川全省残余人口约为五六十万人。

清朝统一全国后，施行了一系列"填四川"的政策，主要是鼓励外省移民入川垦荒。如规定凡愿入川者，将地亩给为永业；各省贫民携带妻子入蜀者，准其入籍等；在赋税上实行额外的优

清代木雕神像
湖广填四川移民离开故乡时，往往带上祖先的神位，在新的家园继续已经传承了千百年的祭祀。重庆湖广填四川移民博物馆藏。

康熙皇帝的"填四川"诏书

惠，康熙下诏规定移民垦荒的地亩五年起才征税，对滋生人口，永不加赋；要求移民原籍地和入四川落业定居地当局配合移送核实，安排上户籍、编入保甲等事宜。这些政策为移民创造了良好的环境和条件。

清代湖广填四川移民来自湖广（即湖南湖北）、广东、广西、河南、江西、福建等十几个省份，其中以湖广人口最多。持续百年的移民潮，大约有600万人迁入四川，其中湖北、湖南籍的就有300万人。

邻姑昨夜嫁儿家，会宴今朝斗丽华。

咂酒醉归忘路远，布裙牛背夕阳斜。

川主祠前卖戏声，乱敲画鼓动荒城。

村姬不惜蛮鞋远，凉伞遮人爽道行。

清代陈祥裔《蜀都碎事》中的这两首竹枝词，生动地反映了湖广填四川后

四川成都洛带镇湖广会馆

今四川、重庆各地会馆众多，它们都是湖广填四川移民运动的产物。会馆是同乡聚会、商议宗族事务、举行各种纪念活动、祭祀神祇或供奉祖先的场所，各地移民以修会馆的方式，在新的家园凝聚乡情乡谊，维系与故土的情感联系。

成都地区的风情。在移民垦荒、与民生息、薄徭轻税政策的推动下，短短的几十年间，四川盆地由荒残到复苏，由乱到治，呈现出一片安定康乐的局面。

大规模的湖广填四川移民运动为四川注入了新鲜的血液，秦、赣、湘、楚等不同地域的文化和生活方式，在这片土地上风云际会，渗透融合，使四川成为人杰地灵的地方。

>>>阅读指南

　　陈世松：《大迁徙——"湖广填四川"历史解读》。四川人民出版社，2010年1月。

　　邓经武：《六百年迷雾何时清——"湖广填四川"揭秘》。四川大学出版社，2010年9月。

>>>寻踪觅迹

重庆湖广填四川移民博物馆　位于重庆市渝中区东水门正街，又名禹王庙，附近有广东会馆、江南会馆等庞大的清代古建筑群。博物馆从不同角度展示了移民入蜀的政治背景、经济因素、入蜀线路以及移民对巴蜀地区文化、经济的影响等。

四川成都洛带古镇　在湖广填四川移民潮中，一群客家人从沿海地区来到这里落地生根，经过数百年的繁衍生息，逐渐发展成为我国西部客家人最为集中的小镇，清代的建筑、街巷、会馆，独特的客家风情，让小镇充满魅力。

34.《皇清职贡图》——清代民族志

《皇清职贡图》是清代记述海外各国及国内各民族情况的史籍。由大学士傅恒主持编纂，从乾隆十六年（1751）至二十八年，历时12年，共完成9卷。卷一为清藩属与海外交往各国，有朝鲜、琉球、英、法、日本、荷兰、俄罗斯等

20余国。卷二至卷九是国内各少数民族，包括西藏、新疆、福建、台湾、湖南、广东、广西、甘肃、四川、云南、贵州以及东北等地区。

《皇清职贡图》全书共绘制300种不同的民族人物图像，每个民族描绘男、女二人，共计约600人。每幅图均附有文字说明，记载了各国、各民族的男女状貌、服饰、生活习俗等，并简要说明其分布地区、历史、社会生产以及与清朝的关系，是一部图文并茂、极具学术价值的民族志。

《皇清职贡图》描绘的怀远狑人形象

《皇清职贡图》中的贵州苗人形象之一

>>>阅读指南

〔清〕傅恒等：《皇清职贡图》。广陵书社，2008年4月。

祁庆富、史晖等：《清代少数民族图册研究》。中央民族大学出版社，2012年2月。

>>>寻踪觅迹

中国国家博物馆　位于北京天安门广场东侧。有"古代中国"和"复兴之路"常设展览，包括中国古代青铜器、佛造像、玉器、钱币、瓷器、经典绘画艺术等专题，记载了中华民族5000年的文明足迹和伟大祖国的历史、文化、艺术和社会发展的光辉成就。

35. 反封建斗争促民族交融

1840年鸦片战争后，清朝陷入了严重的政治和经济危机之中，加上灾害连年，导致民不聊生，各地的反抗斗争此起彼伏。鸦片战争后的十年间，全国汉、壮、苗、瑶、彝、回、藏等民族人民的起义和抗租抗粮等斗争不下100多次。当时白莲教、天理教遍布北方各省，捻党活动于河南、安徽、山东一带，斋教散布于湖南、江西、福建、浙江等地，天地会势力更是遍及长江和珠江流域。广西、广东、湖南三省的反抗力量声势最盛。

1851年，中国近代史上规模最大的农民革命——太平天国运动爆发。1月11日，洪秀全等人在广西原桂平县金田村率众起义，建国号"太平天国"。两年多时间，太平军就席卷了广西、湖南、湖北、江西、安徽、江苏等省。1853年2月，号称50万众的太平军和一万余艘船从武昌顺江东下，势如破竹，连克九江、安庆、芜湖等城，3月19日攻克江宁（今南京），改名天京，定为都城。

平定粤匪图（局部）

因太平天国运动起自两粤（广东、广西），故清廷蔑称太平军为"粤匪"、"粤贼"等。太平天国运动被平定后，清廷命宫廷画师绘制《平定粤匪图》。

洪秀全玉玺印文
对于玉玺的真伪及其文字应按怎样的顺序读，
史学界存有分歧。

太平天国钱币

>>>阅读指南
　　史景迁著，朱庆葆等译：《太平天
国》。广西师范大学出版社，2011年9月。
　　黄磊：《重说晚清七十年》。中国工
人出版社，2013年3月。

　　随后，太平军进行了北伐和西征。北伐军出江苏，过安徽，进河南，渡黄河，入山西，直捣直隶，逼近天津，由于孤军远征，最终失败。西征军则溯长江西上，攻占了安徽、江西、湖南、湖北的广大地区。进军途中，太平军镇压和打击官僚、豪绅、地主，焚烧衙门、粮册、田契、借券，破除神佛偶像及牌位，对封建统治秩序进行了扫荡，受到了各族民众的欢迎和拥护。

　　1853年冬，太平天国制定并颁布了《天朝田亩制度》，提出"凡天下田，天下人同耕"，试图建立一个"有田同耕，有饭同食，有衣同穿，有钱同使，无处不均匀，无人不饱暖"的理想社会。太平天国运动推动了各地各族人民反清斗争的高涨，南方和东南沿海各省先后发生了天地会及其支派等起义，响应者众多。

　　1864年6月，洪秀全病逝。7月，清军攻破太平天国首都天京，洪秀全之子兼继承人幼天王洪天贵福被俘虏，太平天国运动失败。分散在长江南北各地的数十万太平军和其他起义军仍然坚持反清斗争，1872年，最后一支打着太平天国旗号的队伍在贵州战败。

　　从1851年到1864年，太平天国运动历时14年，影响波及17个省，攻克

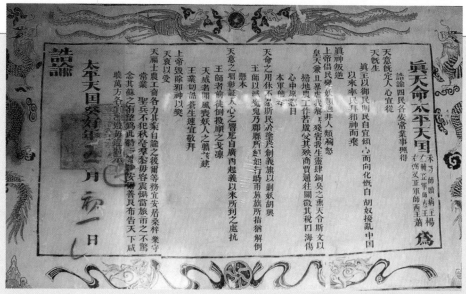

太平天国诰谕

了 600 余座城市，有力地打击了清朝的封建统治，促进了封建社会的崩溃，也阻止了中国殖民化的进程。

清朝是一个统一的多民族国家，各地的起义和反抗斗争也是多民族联合或参与的，太平天国运动的领导人及参与者就有汉、壮、瑶、毛南等民族。其他民族的起义还有：1781 年苏四十三起义，参与民族有撒拉、回、汉、藏等；1787 年台湾林爽文起义，参与民族有汉族与高山族；1796 年至 1804 年，白莲教起义波及四川、湖北、陕西、河南等省，参与民族有汉、回、土家等；1855年至 1873 年，张秀眉发动的贵州苗民起义，参与民族有苗、侗、汉等；1855 年至 1874 年，李文学、田四浪等人发动的哀牢山区人民起义，参与民族有彝、哈尼、傣、白、汉等；1856 年至 1872 年，杜秀文发动的云南回民起义，参与民族有回、白、汉等；1859 年至 1868 年，蒙古、满、回等民族发动了内蒙古昭乌达盟起义；1862 年至 1877 年，陕西、甘肃、新疆、宁夏等地的回民自卫抗清运动，参与民族有回、维吾尔、东乡……

各族人民在同生死、共患难的联合斗争中，进一步增进了感情，促进了民族交融。

>>>寻踪觅迹

江苏南京市　太平天国都城，民国时期南京总统府的前身就是太平天国洪秀全的天王府和清朝的两江总督府；瞻园是太平天国另一个领袖杨秀清的东王府，现辟为太平天国历史博物馆；堂子街 108 号有太平天国壁画馆。此外，苏州有太平天国忠王府，浙江金华有太平天国侍王府，广州花都区洪秀全故居建有纪念馆。

广西桂平市　有太平天国金田起义旧址、太平天国金田起义历史陈列馆等。

36. 梁启超提出"中华民族"称谓

梁启超像

梁启超在广东江门市新会区故居正厅门楣上立的牌匾

"中华民族"这一称谓的创始人是中国近代思想家、社会活动家梁启超。在他使用这一称谓之前，中国人甚至连"民族"一词也没有使用过。过去习惯上所说的华夏、汉人、唐人、炎黄子孙等，都不是现代意义上的民族称谓。

1899年，梁启超在《东籍月旦》一文中，第一次使用"民族"一词，对民族问题提出了许多新见解。1901年，梁启超发表《中国史叙论》一文，首次提出"中国民族"的概念。他将中国民族的演变历史划分为三个时代：第一，上世史，自黄帝以迄秦之一统，是为中国之中国，即中国民族自发达、自竞争、自团结之时代也；第二，中世史，自秦统一后至清代乾隆之末年，是为亚洲之中国，即中国民族与亚洲各民族交涉繁赜（zé）、竞争最激烈之时代也；第三，近世史，自乾隆末年以至于今日，是为世界之中国，即中国民族合同全亚洲民族与西人交涉、竞争之时代也。

1902年，梁启超正式使用"中华民族"一词。他在《论中国学术思想变迁之大势》一文中，先对"中华"一词的内涵做了说明。他说："立于五洲中之最

天津饮冰室

梁启超故居书斋，是梁启超晚年政治活动和著书立说之所。

院静宵寒睡起迟秣陵
人老花时城看连晓雨
枯陵树江带春潮坏殿

清真句 乙丑二月 启超作于天津寓庐

梁启超书法

大洲而为其洲中之最大国者，谁乎？我中华也。人口之居全地球三分之一者，谁乎？我中华也。四千余年之历史未尝一中断者，谁乎？我中华也。"接着，他说："齐，海国也。上古时代，我中华民族之有海权思想者，厥惟齐。故于其间产出两种观念焉，一曰国家观，二曰世界观。"

1905年，梁启超在《历史上中国民族之观察》一文中，分析了中华民族的多元性和混合性，得出结论："中华民族自始本非一族，实由多民族混合而成。"也就是说，中华民族指中国境内的所有民族，是多元一体的。"中华民族"一词一经提出，就在社会上引起了很大反响，从此，这一称谓就被国人普遍接受，一直沿用到今天。

>>>阅读指南

《梁启超自传》。江苏文艺出版社，2012年1月。

《梁启超家书》。中国青年出版社，2009年8月。

>>>寻踪觅迹

梁启超纪念地 广东新会市江门区茶坑村有梁启超故居；天津市梁启超纪念馆有梁启超故居和书斋饮冰室；梁启超墓位于北京植物园内。

九

九

归

一

中华民国开国纪念铜币

有多种样式和图案。本币正面中央交叉的双旗是民国早期的五色国旗和十八星旗；"民"字最后一笔拉长，有一种解释为象征推翻清朝，民主胜利。

37. 共创民国

清朝末年，封建统治日益腐朽，帝国主义的侵略使中国陷入了半殖民地半封建社会的深渊。为了推翻清朝的封建专制统治，挽救民族危亡，争取国家的独立与自由，中国各民族的精英们进行了长期不屈不挠、艰苦卓绝的斗争。

湖北武汉辛亥革命纪念馆门前的铁血十八星旗是武昌起义时使用的旗帜

清朝宣统三年（1911）10月10日，革命党人在湖北武昌发动起义，第二天成立了鄂军都督府（湖北军政府），宣布废除清朝宣统年号，改国号为中华民国。军政府发布檄文和安民布告，向天下昭告革命主张，号召推翻清政府。1911年是中国农历辛亥年，人们将武昌起义及其前后以推翻清朝统治、建立共和政体为目标的一系列革命运动称为"辛亥革命"。

武昌起义得到了全国各地的广泛响应，随后两个多月，有18个省发动了武装起义，有17个省宣布脱离清朝统治，革命潮流风起云涌。1911年12月，17个省的代表在南京推选孙中山为中华民国临时大总统。1912年1月1日，孙中山宣誓就职，宣告中华民国（简称民国）正式成立。

1912年2月12日，也就是宣统三年十二月二十五日，清朝最后一位皇帝、年仅6岁的溥仪发表退位诏书，正式终

>>>阅读指南

叶曙明：《大变局——1911》。江苏文艺出版社，2011年11月。

马平安：《晚清殇史——大清王朝灭亡之谜》。中国文史出版社，2012年8月。

孙中山就任中华民国临时大总统的誓词
中国国家博物馆藏。

西方法文版画报描绘 1911 年上海人剪发辫的情景
清朝统治者曾经强迫全国人民遵从满洲人习俗，剃发留辫，以示臣服。辛亥革命后，全国掀起了轰轰烈烈的剪辫运动，国人剪掉了辫子，也冲破了封建专制的束缚，社会面貌焕然一新。

结了清朝 268 年（从 1644 年清军入关算起）的统治，也宣告了中国两千多年封建制度的灭亡。

辛亥革命推翻了封建统治，开启了民主共和的新纪元，也对中国的民族关系和亚洲其他国家的民族解放运动产生了重要影响。

辛亥革命时期，少数民族中也出现了许多革命精英，他们参加同盟会等革命组织，领导或参与革命党人组织的武装斗争，可以说，是各民族的精英和全国人民一起共同缔造了中华民国。

中华民国时期，中华民族内忧外患，在饱经磨难和抵御外侮的过程中，各族人民同生死、共命运，民族凝聚力空前增强，中华民族共同体雏形已成。

>>>寻踪觅迹

黄花岗 72 烈士墓　位于广东广州市先烈路。1911 年 4 月 27 日，革命党人在广州发动推翻清朝封建统治的武装起义，终因力量悬殊而失败，史称辛亥广州起义或黄花岗起义。72 具起义烈士的遗骸葬于当时广州郊外的红花岗，从此红花岗改名为黄花岗。

辛亥革命博物馆　位于湖北武汉市武昌区。原址是清末湖北省咨议局大楼，武昌起义后，革命党人在这里成立中华民国军政府（鄂军都督府），一度代行中华民国中央政府职权。

38. 五族共和

孙中山像

印有孙中山像和五色旗的民国元年月份牌

孙中山在担任中华民国临时大总统期间，将近代民主原则贯彻到民族问题上，主张民族平等，实现中华民族的统一。他指出："国家之本，在于人民。合汉、满、蒙、回、藏诸地为一国，如合汉、满、蒙、回、藏诸族为一人。即曰民族之统一。"过去，"汉、满、蒙、回、

藏五大族中，满族独占优胜之地位，握无上之权力，以压制其他四族。满洲为主人，而他四族皆奴隶，其种族不平等，达于极点。种族不平等，自然政治亦不能平等，是以有革命"。"革命之功用，在使不平等归于平等"，"今者五族一家，立于平等地位"。

由孙中山主持制定的《中华民国临时约法》是一部具有宪法性质的文件。《临时约法》明确规定："中华民国人民

《中国革命记》封面

中为五色旗，左为民国初期海军青天白日军旗，右为民国初期陆军十八星军旗。《中国革命记》是上海时事新报馆出版的纪实报道辛亥革命的连续出版物，1911年10月至1912年6月共出版30册，从第17册起改由上海自由社编辑出版。

一律平等，无种族、阶级、宗教之区别。"孙中山衷心希望"五大民族相爱相亲，如兄如弟，以同赴国家之事"，全国各族人民共同建设共和国，实现"五族共和"。

1912年1月10日，中华民国临时参议院在南京通过《国旗统一案》，确定五色旗为中华民国国旗。五色旗的颜色自上而下排列次序为：红、黄、蓝、白、黑，寓意汉、满、蒙、回、藏五族共和。1929年起，中华民国国旗改为青天白日满地红旗。

孙中山的民族思想虽然有其局限性，但在近代社会的转型中，他的民族平等主张和实践，在我国民族关系史上写下了重要的一笔。

>>>阅读指南

韩文宁、刘晓宁：《话说民国——1912~1949》。凤凰出版社，2008年7月。

何虎生：《孙中山传》。中国工人出版社，2012年7月。

>>>寻踪觅迹

南京总统府 现为中国近代史博物馆。南京总统府原址明朝初年是归德侯府和汉王府；清朝为江宁织造署、江南总督署、两江总督署，清朝康熙、乾隆皇帝下江南时均以此为行宫；太平天国时期为洪秀全的天王府；1912年1月1日孙中山在此宣誓就任中华民国临时大总统；1927年南京国民政府成立后不久即移驻这里办公。从1840年至1949年的一百多年里，中国一系列重大政治、军事事件和一些重要人物均与此地密切相关。

孙中山纪念地 全国各地有很多与孙中山有关的历史遗迹和人文景观。孙中山故里位于广东中山市翠亨村，现建有孙中山纪念馆；上海香山路7号有孙中山和夫人宋庆龄1918年至1924年的寓所；南京有中山陵；北京有孙中山衣冠冢……

39. 从蒙藏事务局到蒙藏委员会

1939年10月21日，中华民国蒙藏委员会委员长吴忠信一行由重庆启程赴西藏，他们途经香港、缅甸仰光、印度加尔各答等地，进入今西藏亚东、江孜，于1940年1月15日抵达拉萨。吴忠信在沿途受到了西藏地方政府派出官员的热情接待，原来，吴忠信是奉命来西藏主持十四世达赖喇嘛认定坐床仪式的中央政府代表和专使。

中华民国成立后，中央政府在元、明、清三朝成例的基础上，建立专门的机构，加强对蒙古和西藏的管理。1912年5月，成立蒙藏事务处，隶属内务部。考虑到当时蒙藏地方政务繁巨，同年7月，蒙藏事务处改为蒙藏事务局，直隶于国务总理，凡涉及蒙藏地方事务，均由该局办理或转呈国务总理定夺。1914年，蒙藏事务局更名为蒙藏院，地位与各部相同，设总裁、副总裁各一名。

护国宣化广慧大师班禅之印

1931年，国民政府册授九世班禅"护国宣化广慧大师"名号，并颁发印章。1932年，国民政府特派九世班禅为西陲宣化使，1934年，九世班禅被选为国民政府委员。

从设立之日起，蒙藏事务局便在蒙古、西藏、新疆等地区做了大量工作，维护边疆的稳定和国家统一。蒙藏事务局先后任命钟颖、陆兴祺为驻藏办事长官，虽然由于帝国主义和西藏亲英势力的百般阻挠未能成行，但显示了民国政府治理西藏地方的决心；1912年10月，建议袁世凯下令恢复中央对第十三世达赖喇嘛的封号；编印《蒙文白话报》、《藏文白话报》和《回文白话报》，宣传五族共和、共建民国的思想；1913年在

>>>阅读指南

郭卿友：《民国藏事通鉴》。中国藏学出版社，2008年10月。

祝启源：《中华民国时期西藏地方与中央政府关系研究》。中国藏学出版社，2010年3月。

蒋介石赠送十四世达赖喇嘛的金灯

1934年国民政府考试院院长戴季陶赠送给九世班禅的"护国济民"金印

北平创办国立蒙藏学校（今中央民族大学附属中学的前身），为蒙古、西藏等地培养少数民族人才。

1927年4月，南京国民政府成立后，对边疆问题给予了高度重视。1928年7月，国民政府在南京设蒙藏委员会筹备处，九世班禅等为筹备委员。1929年2月，蒙藏委员会正式成立，隶属行政院，地位与各部相同。委员会设正、副委员长各一人，委员初为9人至15人，后增至20人至27人。蒙藏委员会下设总务处、蒙事处、藏事处、参事室、秘书室、编译室，后又增设蒙藏教育委员会及附属机构，如蒙藏学校、蒙藏招待所、蒙藏政治训练班、蒙藏旬报社（后改为蒙藏月报社）、驻印通讯处及张家口等地的台站管理局等。

蒙古、西藏地方凡遇重要事务，都要由蒙藏委员会报请政府首脑，选派大员亲临解决。1934年，十三世达赖喇嘛圆寂，国民政府任命蒙藏委员会委员长黄慕松为致祭专使赴藏吊唁；1940年4月，蒙藏委员会委员长吴忠信入藏会同西藏地方摄政热振呼图克图主持十三世达赖喇嘛转世事宜，并在留藏期间主持成立了蒙藏委员会驻藏办事处；1949年，蒙藏委员会委员长关吉玉赴青海主持十世班禅的坐床典礼。

作为处理蒙古、西藏地方事务的中央机构，从1929年到1949年，蒙藏委员会为维护国家领土和主权完整，抵御帝国主义侵略作出了积极贡献。

>>>寻踪觅迹

国民政府蒙藏委员会旧址 在江苏南京市秦淮区九条巷8号曾公祠内。曾公祠约建于1890年，是清政府为湘军首领曾国荃建立的祠堂，1929年2月蒙藏委员会成立后就在这里办公。

40.《蒙古待遇条例》

达理扎雅亲王扎萨克宝座

达理扎雅是内蒙古阿拉善旗末代扎萨克和硕亲王,1931年经南京国民政府批准世袭王位。中华人民共和国成立后,达理扎雅曾任内蒙古自治区人民政府副主席等职。内蒙古博物院藏。

明朝末年,蒙古族内部分裂成几支,彼此争战不已,一部分蒙古人得到明朝的允许,在长城以北与汉人和睦相处,游牧而居,另一部分不肯归附的蒙古人则被赶到了"漠北苦寒之地",从此逐渐有内外蒙古之分。清朝时期,内外蒙古都在中国版图之内,接受清朝中央政府的管辖。

在清朝统一外蒙古的同时,沙皇俄国的侵略触角也伸向了那里。沙皇俄国侵略外蒙古主要采用两种手法,一种是直接进行军事占领,另一种是支持漠西蒙古准噶尔部进犯外蒙古。康熙通过三征噶尔丹,对外蒙古实施强有力的行政管辖,粉碎了沙俄早期对外蒙古的侵略图谋,但沙俄的野心一直不死。

辛亥革命后的1911年11月,一些外蒙古王公贵族在沙俄的策动下,乘全国政局动荡之机,宣布外蒙古独立建国,外蒙古活佛哲布尊丹巴按俄国礼节"登极",并自封皇帝,成为沙俄卵翼下的傀儡。不久,在沙俄的鼓动下,外蒙古叛军驱逐当时还在任的清政府官员,并侵入内蒙古。

刚刚成立的中华民国政府,一方面劝谕外蒙古当局取消独立,和沙俄进行交涉;另一方面出兵反击进犯内蒙古的外蒙古叛军,用了三年时间收复了内蒙古,但却没能收复外蒙古。

1912年8月,为了安抚内外蒙古,民国政府颁布了《蒙古待遇条例》,规定

>>>阅读指南

常宝:《漂泊的精英——社会史视角下的清末民国内蒙古社会与蒙古族精英》。社会科学文献出版社,2012年10月。

乌力吉陶格套:《清至民国时期蒙古法制研究——以中央政府对蒙古的立法及其演变为线索》。内蒙古大学出版社,2007年8月。

清末民国初蒙古贵族家庭

蒙古与内地一体对待，不以藩属待遇，蒙古王公贵族原有的世爵、封号、特权一律照旧，俸饷从优，同时规定蒙古各部对外交涉及边防事务归中央政府办理。

当时，内蒙古不少王公贵族对民国政府很不信任，喀喇沁蒙古末代亲王贡桑诺尔布等人一度组织"蒙古王公联合会"，拒绝共和，宣布独立的外蒙古还遥封贡桑诺尔布为统管内蒙古六盟四十九旗的"内蒙古大臣"。在民国政府强调五族共和并出台《蒙古待遇条例》后，内蒙古各部才坚定了支持共和的态度，内蒙古的局势得以稳定，沙俄对内蒙古的图谋被击破。

随后，民国政府任命贡桑诺尔布为掌管蒙古、西藏等少数民族地区事务的蒙藏事务局总裁。贡桑诺尔布主管民国中央边疆民族事务机构16年，致力于宣传五族共和，开展边疆调查，建议嘉奖、表彰、加封拥护统一的边疆爱国人士，发展蒙藏地区的经济、文化事业，为维护国家统一发挥了重要作用。

由于民国时期军阀割据，内战内斗不断，外患频仍，一直未能实现对外蒙古的有效管辖，外蒙古被沙俄和后来的苏联控制。1946年，国民政府承认外蒙古独立。外蒙古的主体即今天的蒙古人民共和国。

>>>寻踪觅迹

喀喇沁亲王府　贡桑诺尔布故居。位于内蒙古喀喇沁旗王爷镇，始建于康熙十八年（1679），集塞北、蒙古族、藏传佛教三大建筑特色于一体，收藏有众多文物。

奈曼王府　位于内蒙古奈曼旗大沁塔拉镇，是清代奈曼部蒙古族郡王的府邸，建于清同治二年（1863）。民国时期，奈曼旗蒙古族历任首领均得到民国政府的任命。

41. 少数民族与中国共产党

年龄正当青春，
青春谁不赞美！
可是年华如水，
青春哪能常在！
我们应当把青春，
献给被压迫的无产阶级，
让我们的青春生命永放光辉！

这是白族第一位女共产党员赵琴仙生前写的一首诗。

中国共产党从成立、发展到壮大，从领导中国人民进行艰苦卓绝的革命战争到建立中华人民共和国，都与全国各族人民同呼吸、共命运，各族人民的优秀儿女汇聚在镰刀锤子的旗帜下，为中华民族的独立、自由和解放事业作出了自己的贡献。

芭蕾舞剧《红色娘子军》剧照

《红色娘子军》是根据第二次国内革命战争时期海南岛琼崖纵队女战士的事迹创作的，曾先后以电影、芭蕾舞剧、现代京剧、交响组曲、电视连续剧等多种艺术形式表现，感动了无数观众。

冀中回民支队是抗日战争和解放战争时期在中国共产党领导下发展起来的一支著名的回民武装

1919年的五四运动是中国近代历史上的一件大事，中国的马克思主义者从此开始产生并成熟起来，施晃（白族）、赵世炎（土家族）、马骏（回族）、刘清扬（回族）、邓恩铭（水族）等少数民族优秀分子也在这次事件中崭露头角。在中国共产党的创始人和早期领导人中，有许多优秀的少数民族儿女，如马克思主义理论传播者、工人运动领袖赵世炎，

>>>阅读指南

中共党史人物研究会：《中共党史少数民族人物传》。民族出版社，2012年10月。

中共中央党史研究室科研管理部：《中国共产党民族工作历史经验研究》。中共党史出版社。2009年9月。

中共"一大"最年轻的代表邓恩铭，省港大罢工领导人之一张伯简（白族），百色起义、广西右江革命根据地领导人之一韦拔群（壮族），后来的国家副主席、我国民族区域自治制度最早的探索者和实践者乌兰夫（蒙古族）等。

延安时期，随着少数民族革命者的增多，中共中央党校就办过少数民族班，陕北公学专门设立了少数民族工作队和民族部，1941年还成立了延安民族学院，招收蒙古、回、藏、彝、苗、满、东乡等少数民族学员。

中国共产党在领导中国革命的过程中，创建了许多革命根据地。海南琼崖纵队在中国共产党的领导下，依靠海南岛黎、苗等族人民，创立了以五指山为

延安时期的彝族士兵

中心的革命根据地，经历从土地革命战争、抗日战争到解放战争长期艰苦卓绝的斗争考验，23年革命红旗始终不倒。

除了琼崖纵队，其他涉及少数民族地区的革命根据地还有：1928年至1934年创建的湘鄂西革命根据地位于土家族、苗族聚居区，是当时中国共产党领导的三大苏区之一；1930年至1932年创建的广西左右江革命根据地位于壮族、瑶族聚居区；1928年至1935年创建的闽浙赣革命根据地跨越畲族聚居区；陕甘宁革命根据地位于回族聚居区，1932年创建，1937年改为陕甘宁边区，直到1949年才完成历史使命，其中相当长一段时间是中国革命的中心；从1938年至1949年，大青山革命根据地领导内蒙古东部各族人民打击日伪军的嚣张气焰，

传播革命和民族团结的火种……

中国共产党与全国各族人民一起走过了九十多年的风雨历程，不仅实现了中华民族的独立、自由和解放，而且建设了现代化的国家，中华民族的伟大复兴正在进行中……

>>>寻踪觅迹

红七军军部旧址 位于广西百色市中心的粤东会馆。会馆始建于清康熙年间。1929年前后，邓小平、张云逸等曾在这里领导百色起义和右江革命根据地的革命斗争。现辟为纪念馆，陈列相关文物。

湘鄂川黔革命根据地旧址 位于湖南永顺县塔卧镇。1934年至1935年，红军二、六军团以此为中心，领导四省边区九县及广大游击区开展革命斗争，留下根据地省委、省政府、省军区、红军第四分校、省委党校、兵工厂等旧址，现建有纪念馆陈列相关文物。

42. 长征——多民族共同缔造的神话

长征，这一震惊中外的历史事件，以其不可思议和无法复制的独特性，至今仍让无数人久久思索。

打开中国地图，可以发现，1934年至1936年红军长征的路线集中在中国的西南、西北地区，这里也正是中国少数民族聚居的地区。红军长征经过苗、瑶、侗、壮、水、布依、仡佬、土家、纳西、白、彝、藏、羌、回、东乡、裕固、蒙古等十几个少数民族居住区。红一方面军的红一军团和红二方面军的二、六军团在少数民族地区行进的时间占到整个长征时间的三分之一，红四方面军则有近五分之四的时间是在少数民族地区度过的。长征中，中国共产党的民族政策初见成效。少数民族的支持是长征取得胜利的重要条件之一，可以说，长征是多民族共同缔造的神话。

红军将领刘伯承和彝族头人小叶丹结盟的佳话流传至今。

1935年5月，刘伯承作为红军先遣队司令，率领一个团的红军先行到达彝族居住区，准备北渡大渡河。当地彝族分为黑彝和白彝两部分，二者有矛盾，而且由于历史上反动统治阶级的民族压迫政策，他们对汉人有很深的疑忌。

战士们向彝民说明红军只是路过，决不在此留宿。彝民中有一个高大的汉子，打着赤膊，腰上围着一块麻布，赤足，披头散发，后面跟着十几个背梭镖的青年。他自我介绍说："我是沽基家的小叶丹，要见你们司令员。"在彝海边，小叶丹见到了刘伯承。他连忙取下头上的帕子，准备叩头行礼。刘伯承上前一把扶住，不让他行此大礼。二人在海子

四川冕宁县彝海乡刘伯承和小叶丹彝海结盟纪念碑

边坐定，开始了亲切、诚挚的交谈。小叶丹听说红军主张彝汉平等，表示愿与刘伯承结义为弟兄。

结盟仪式按规矩简单而庄重：一位彝民拿来一只鸡，因没有带酒，就从海子里舀了一碗清水，割破鸡脖，把鸡血滴在碗里，清水立即变成了殷红色。"血酒"分作两碗，分别摆在刘伯承和小叶丹面前。刘伯承与小叶丹并排跪下，面对蔚蓝的天空和清澈的湖水，高高地举起大碗，大声起誓，然后将血酒一饮而尽。

这样，红军先遣队顺利进入小叶丹的统治区。刘伯承要离开时，小叶丹依依不舍，送了一程又一程。他派人继续送红军通过后面的村寨，还挑选了二十几个彝族青年跟红军学习军事，并把自己骑坐的一匹精壮大黑骡子送给刘伯承。刘伯承拜托小叶丹继续帮助后面来的大队红军，鼓励他打起红旗坚持斗争，并送他十支步枪。小叶丹忠实地执行了刘伯承的嘱托，将彝民组织起来，护送红军后续部队安全通过彝民区。

长征期间，广大少数民族在人力、物力及道义上给了红军积极的援助。

长征中三大主力红军途经四川近70个县，四川参加红军的各族青年达4.5万多人，其中属今阿坝自治州区域内的

宁夏同心清真大寺
1936年，红军在这里建立了陕甘宁省豫海县回民自治政府，这是中国共产党民族区域自治政策在回民聚居地区的最早尝试。

红军长征时留下的标语

的省份，黔东南、黔东北等地各族群众对红军严明的纪律和民族平等政策产生了深刻印象，主动为红军筹草备粮、侦察敌情、当向导、保护伤员，并掀起了参加红军的热潮，据不完全统计，长征中贵州有1.25万各族青年参加红军，仅次于四川居第二位。

少数民族青年参加红军的有5000多人，茂县有1000多羌族民众参加红军，大凉山地区参军的彝族还成立了"倮倮连"。在川西藏、回、汉族杂居区金川，红军建立了大金省军区，设有金川独立师、丹巴独立师（藏族）、番民（嘉绒藏族）骑兵连、回民独立连等少数民族武装队伍。50多岁的藏族妇女斑登卓为了给红军带路、当翻译，带着两个女儿和一个儿子参加了红军。羌族土司安登榜毅然放弃家业，率领200名羌族勇士随红军踏上征途。各族人民甚至一些土司头人、寺院喇嘛都支援红军粮食和牛、羊、马、猪等牲畜，为红军筹集盐、御寒衣服等物资，还组织运输队、担架队、修理队、浆洗队等，为红军运送粮食、弹药，协助架桥、修路、造船，给红军当向导、翻译，救护、运送红军伤病员，其中有不少人在随红军北上途中牺牲。

贵州是红军长征过境延续时间最长

红军长征进入云南后，在官渡回民居住区，朱德总司令曾亲自到清真教堂向教民首领宣传红军的民族平等主张；经过滇西北藏族聚居的中甸，贺龙将军向归化寺喇嘛赠送了"兴盛番族"锦旗。红军尊重少数民族的举措，得到各族人民的理解和支持。官渡几十名回民加入红军，并单独组成回民队伍；红军两渡金沙江，都得到了汉、彝、傣、纳西和白族船工的帮助；在藏民的帮助下，红军得以翻越终年积雪的高山；红军进攻

>>>阅读指南

方素梅、周竞红：《播种之旅——红军长征与少数民族》。民族出版社，2006年9月。

李世明、田修思：《指路的明灯——长征标语口号》。国防大学出版社，2012年6月。

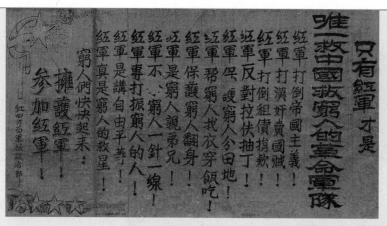

只有红军才是唯一救中国穷人的革命军队

红军打倒帝国主义！
红军打汉奸卖国贼！
红军打倒组债抽丁！
红军反对拉伕抽丁！
红军呎护穷人分田地！
红军帮护穷人找衣穿饭吃！
红军保护穷人翻身！
红军是穷人的亲兄弟！
红军专打振穷人的人！
红军不欺穷人一针一线！
红军真是讲自由平等！
红军真是穷人的救星！
穷人们快快起来：
拥护红军！
参加红军！

红四方面军政治部

红军的宣传布告

会泽时，各族群众的喊话攻势有效瓦解了守军的抵抗；在丽江城，各族裁缝用17部缝纫机，两天两夜为红军赶制帽子、米袋，缝补衣服……

在甘肃回民聚居区，红军的民族平等政策得到了少数民族人民的拥护和支持。哈达铺民众为红军提供了大量的粮食等物资援助，被誉为"红军长征的加油站"。少数民族积极与红军配合，组织自卫队和游击队，如回汉民族游击队、临潭各族民众"抗日救国军第一路军"以及岷县、漳县、陇西"抗日救国甘肃第二路军"等。在甘、宁交界的豫旺、海原回民聚居区，成立了回民工作团、回民独立师。在同心清真寺成立的陕甘宁省豫海县回民自治政府，积极动员一切人力、物力、财力，保障红军的供给。

红军在长征途中留下了大量伤病员，不少战士因掉队流落民间，他们得到了各族群众的主动帮助、精心护理和掩护，有些人后来重返部队，有些人因种种原因留了下来，成为当地少数民族的一员。

各族红军将士血洒长征路，染红了鲜艳的军旗和国旗。可以毫不夸张地说，没有各族人民的积极参与，就没有长征的胜利。

毛泽东说："长征是宣言书，长征是宣传队，长征是播种机。"红军在长征途中不仅播下了革命的火种，也留下了一段民族团结的佳话。

>>>寻踪觅迹

哈达铺红军长征旧址　位于甘肃宕昌县哈达铺镇，是一个回汉聚居的镇子，红军三大主力长征时都经过这里。在由382家店铺组成的一条长约1200米的街道上，有"义和昌"药铺等七处革命遗址，相对完整地保留了当年的原貌。建有红军长征纪念馆。

金川红军长征纪念建筑群　位于四川金川县城厢乡老街一带，有中共大金省委、红五军军部、红四方面军总医院和红军被服厂、炸弹炸药厂、军械修理所等十几处红军旧址，多数保存完好。1935年9月到1936年7月，近三万红军驻留金川，创建了大小金川革命根据地，发动群众实行土地革命，组建藏族、回族革命军队等，留下了众多遗址和革命文物。

43. 抗日战争增强中华民族认同

起来，不愿做奴隶的人们！

把我们的血肉，筑成我们新的长城！

中华民族到了最危险的时候，每个人被迫着发出最后的吼声。

起来！起来！起来！

我们万众一心，冒着敌人的炮火前进！前进！前进！进！

这首由田汉作词、聂耳作曲的《义勇军进行曲》诞生在中国人民抗日的烽火中，中华人民共和国成立后成为国歌。

近代中国积贫积弱，成为帝国主义国家瓜分和掠夺的主要对象之一。列强几番争夺之后，1905年，日本攫取了中国辽东半岛的"租借权"，成为控制中国东北的唯一外国势力，从政治、军事、外交和经济等方面一步步实施渗透和侵略政策。1931年，盘踞在东北的日本关东军制造"九一八"事变，正式发动侵华战争，并占领东北全境，建立伪满洲国傀儡政权，对东北人民实行殖民统治。1937年，蓄谋已久的侵华日军制造了"七七事变"（卢沟桥事变），发动全面侵华战争，随后，侵占我国大片领土，中华民族陷入了空前的灾难之中。

残历碑和"勿忘国耻"钟

"九一八"纪念碑又叫残历碑，位于"九一八"事变的发生地辽宁沈阳市大东区。碑的形状为"九一八"事变当日的台历造型，上面布满弹痕与骷髅。每当"九一八"纪念日，撞响警世钟，警示人们勿忘国耻，振兴中华。

北京卢沟桥的石狮子

不仅见证了"七七事变"的发生，也见证了中国军民抗战的历史。

在亡国灭种的危险面前，全国各族人民紧密地团结在一起，救亡图存，共赴国难。

首先奋起抵抗的是东北各族人民。"九一八"事变后，朝鲜、满、鄂伦春、达斡尔、赫哲、鄂温克、锡伯等民族就组成了抗日义勇军、反日游击队等，1933年成立东北人民革命军，1936年各抗日力量统一改编为东北抗日联军，在中国共产党的领导下，与日本侵略者进行了长达14年的艰苦斗争，牵制了侵华日军的大量兵力。

"七七事变"后，全国各族人民都投入到了抗日战争的洪流之中。除了加入军队在战场上与敌人直接战斗外，各地、各族人民还建立了自己的抗日组织，以各种方式抗击日本侵略者。

位于今内蒙古武川县一带的大青山抗日根据地，沟通华北和西北，有力地抑制了日军向大西北的进攻，掩护八路军在敌后抗战，1000多位蒙古、汉等民族抗日志士为国捐躯。

抗战期间，全国各地成立了数十支

>>>阅读指南

步平、荣维木：《中华民族抗日战争全史》。中国青年出版社，2010年1月。

王春瑜、曹晋杰、王荫：《中国的脊梁——抗战时期的一百个老百姓》。中国文史出版社，2009年1月。

回族抗日武装，陕甘宁边区有回民骑兵团，山西有壶关游击队、长治回民营，皖东有定远清真大队，华北平原上有冀中、渤海回民支队等。特别是马本斋率领的冀中回民支队转战于冀中平原和冀鲁边区，经历大小战斗 800 余次，攻无不克、战无不胜，令敌人闻风丧胆。为了要挟马本斋，敌人抓了他的母亲做人质，马老太太以绝食英勇殉国。"母亲叫儿打东洋，妻子送郎上战场"，中华儿女用血肉之躯和英勇无畏、宁死不屈的精神筑起了抗击侵略者的长城！

1938 年，在遥远的西南，苗、瑶、毛南、仫佬等各族青壮年大部分早已应征入伍开赴抗战前线，20 万父老乡亲——绝大部分是老人、妇女甚至孩子，

承担起了修筑滇缅公路的重任。在严重缺乏施工机械的情况下，他们用双手在崇山峻岭坚硬的岩石间打通了长达上千千米的公路，两三千人将生命永久地留在了这条路上。公路修通后，云南各族民众继续为中国远征军和英美等国盟军提供各种战勤服务。在抗日战争最艰难的时期，滇缅公路成为中国与外部世界联系的唯一运输通道，是中国抗战的"输血管"。

为了切断滇缅公路这条国际交通线，日军出动飞机对公路全线实行大轰炸，滇缅公路数度中断。藏、纳西、白、回、彝等民族通过古老的茶马古道，用肩挑手提和传统马帮，运送国际援华物资，在滇、川、藏境内构筑了一条打不垮的

八女投江纪念碑
位于黑龙江牡丹江市。1938 年 10 月，东北抗日联军八名女战士抗击日军，弹尽援绝后集体投江，壮烈殉国。

各族民众修筑滇缅公路的情景

抗战生命线。

被日本侵略者占领的台湾，抗日的火种从未曾熄灭。全面抗战爆发后，岛内爱国志士纷纷渡海参加内地的抗日行动，其中 1939 年 2 月在浙江金华成立的台湾义勇队，转战浙、皖、闽等省，一直坚持到抗战胜利后才返回台湾。

旅居海外的华侨纷纷捐款捐物，筹集了大量国内急需的药品、棉纱、汽车等物资。大批华侨青年回祖国参战。滇缅公路开通后，汽车司机严重缺乏，东南亚各国 3100 多位华侨司机和修理工志愿回国服务，他们被称为"南侨机工归国服务团"。

……

抗日战争中，中华民族承受了巨大的民族牺牲，全民族经过八年同仇敌忾的浴血奋战，终于取得了最后的胜利。在生死攸关的考验中，中国各民族的凝聚力空前增强，对中华民族的认同进一步提高，诞生于抗日烽火中的《义勇军进行曲》，不仅见证了中华民族团结抗战的历史，也必将凝聚中华民族走向美好的未来。

>>>寻踪觅迹

全国各地抗战纪念地　中国人民抗日战争纪念馆（北京），"九·一八"历史博物馆（辽宁沈阳），侵华日军南京大屠杀遇难同胞纪念馆，滇西抗战纪念馆（云南腾冲县），淞沪抗战纪念馆（上海）。

九

九

归

一

44. 中国的民族区域自治制度

1949年9月，中国人民政治协商会议第一届全体会议在北平中南海怀仁堂召开，会议通过的共同纲领对中国的民族政策作了规定："中华人民共和国境内各民族一律平等，实行团结互助……使中华人民共和国成为各民族友爱合作的大家庭。""各少数民族聚居的地区，应实行民族的区域自治。""各少数民族均有发展其语言文字，保持或改革其风俗习惯及宗教信仰的自由。"

现在，全国已经建立起5个省级自治区、30个民族自治州和120个民族自治县（旗）。

内蒙古自治区成立于1947年5月，是我国建立最早的自治区。辖区内蒙古族和汉族最多，此外还有朝鲜、回、满、达斡尔、鄂温克、鄂伦春等民族。

广西壮族自治区有1500万壮族和260多万瑶、苗、侗、仫佬、毛南、水、京等11个世居民族，他们与2900万汉族民众共同生活在这片土地上。1958年3月，广西壮族自治得以实现。随后50多年间，瑶、苗、侗、仫佬、毛南等少数民族也先后实现了自治。广西出现了省级自治区和12个自治县、62个民族乡这样多层次的民族自治体系。

新疆自古以来就是一个多民族聚居和多宗教并存的地区，1955年10月1日，新

毛泽东主席与库尔班·吐鲁木握手

库尔班是新疆于田县的一位普通维吾尔族农民，年轻时饱经苦难，新疆和平解放后，他过上了自由、幸福的生活，为此，他萌发了去北京看望恩人毛主席的强烈愿望。1958年6月，库尔班随新疆国庆观礼团来到北京，受到了毛主席的接见。

20世纪50年代初广东连南县油岭乡瑶族群众敬献毛泽东主席的锦旗

疆维吾尔自治区成立。

　　宁夏于1929年建省,1954年宁夏省撤销,阿拉善等旗划归内蒙古自治区,其余部分并入甘肃。1958年10月,宁夏回族自治区成立。

　　西藏自治区成立于1965年,西藏的农奴制同时被废止,在此期间,国家共支付4500万元人民币对1300多户农奴主和代理人的土地、牲畜进行赎买,从此,百万农奴和奴隶成为土地等生产资料的主人。现在,西藏各级干部中,藏族占70%以上。

　　少数民族当家做主,自己管理本民族的内部事务,是民族区域自治制度赋予少数民族的权利和保障。在政治上,少数民族地区享有自治权,自治区主席、自治州州长、自治县县长,只能由自治民族的公民担任;自治区级的自治机关有立法权,并有权对上级国家机关制定的不符合本民族实际的决议或命令变通执行或不执行。在经济上,民族自治地方自主管理地方性经济建设,地方财政收入由地方自主安排,入不敷出的,上级财政机关还给予支持。上级国家机关对民族自治地方有领导责任并帮助民族自治地方发展经济、文化建设等事业。

　　民族区域自治制度的实行,加上国家对少数民族自治地区的扶持和特殊照顾,我国少数民族地区的各项事业与新中国一起发展壮大,各族人民在中华民族大家庭中和睦相处,正在共同为中华民族的伟大复兴作出自己的贡献。

>>>阅读指南
　　郝时远:《中国共产党怎样解决民族问题》。江西人民出版社,2011年7月。
　　钟世禄等:《中国共产党在边疆少数民族地区执政方略研究》。云南人民出版社,2010年5月。

>>>寻踪觅迹
　　北京民族文化宫博物馆　收藏有少数民族文物、少数民族文字文献以及中华人民共和国成立初期全国各地少数民族敬献党中央和国家领导人的礼品等,有中国少数民族传统文化展览、民族工作成就等专题陈列。

45. 56个民族的认定

56个星座56枝花，
56族兄弟姐妹是一家。
56种语言汇成一句话，
爱我中华，爱我中华，爱我中华！
……

"56个民族56朵花"是今天被广泛认同的对中华民族大家庭的一种形象比喻。那么，现在的56个民族是如何认定的呢？

屯堡妇女
屯堡人是汉族的一个支系，是明朝军屯官兵的后裔。主要聚居在贵州安顺市西秀区以及平坝县、镇宁县一带。屯堡妇女的服饰明代遗风犹存。

回顾历史，先秦时期居住在黄河中下游地区的汉族先民华夏族把周边少数民族称作北狄、南蛮、东夷、西戎等。在长期的历史发展过程中，许多民族不断登上中国历史舞台，又不断消失或融合于其他民族，历代史籍记载的族称数以百千计，人、种、国、部、族等都是民族或族群名称的不同表述。但是族称与现代民族的概念并不完全相同，历代政权也从来没有对中国境内的民族做过科学、统一的识别，在中华人民共和国成立之前，谁也说不清中国到底有多少个民族。

中华人民共和国成立后，实行民族平等和民族团结政策，首先要弄清楚的就是中国到底有哪些民族。由于历史、自然、社会等多方面的原因，中国少数民族的自称和他称十分混乱，名目纷繁。1950年至1952年，中央政府派出少数民族访问团，分赴西南、西北、中南、东北和内蒙古等民族地区进行慰问，宣传民族平等政策，并开展少数民族社会历史调查，一些长期深受民族压迫、不被承认或被迫隐瞒自己民

我国著名社会学家、人类学家费孝通 20 世纪 50 年代初在贵州少数民族地区

我国著名社会学家、民族学家潘光旦 20 世纪 50 年代初在湘西土家族地区

族成分的少数民族，这时纷纷要求承认他们的民族成分。1953 年全国第一次人口普查时，汇总登记的民族名称达 400 多个，仅云南省就有 260 多个。面对大量族体、族群和众多族名、族称，需要弄清的问题基本上是两大类：第一，是汉族还是少数民族；第二，是单一少数民族，还是某一民族的一部分。民族识别工作就成为了能否贯彻落实民族平等和民族团结政策必不可少的前提。

为了做好民族识别工作，从 1950 年至 1964 年的十余年间，在全国人大民族委员会、中央民族事务委员会、中国科学院等部门的主持下，调集全国的民族工作者、高等院校和科研部门的专家学者、大专院校师生等上千人，组成十几个调查组，开展中国少数民族语言和社会历史调查活动。调查人员深入少数民族地区，对不同族体的族称、族源、分布地域、语言文字、历史、经济生活、文化习俗、心理素质、与周围或相关民

族的关系等展开细致的调查，为民族识别工作搜集了大量第一手资料。

民族是在一定的历史发展阶段形成的具有共同语言、共同地域、共同经济生活以及表现于共同文化上的共同心理素质的稳定的人的共同体。根据这样的民族理论，在调查研究的基础上，结合中国民族发展的实际，进行科学研究和综合分析，正确识别不同族体的民族成分，并充分尊重各族人民的意愿，坚持"名从主人"的原则。经过艰苦的努力，1954 年，中央人民政府公布了第一批识别、确认的 38 个少数民族。1964 年，经过对全国第二次人口普查登记的 183 个

>>>阅读指南

黄光学、施联朱：《中国的民族识别——56 个民族的来历》。民族出版社，2005 年 1 月。

《中国少数民族》修订编辑委员会编：《中国少数民族》。民族出版社，2009 年 7 月。

夏尔巴人

中国未识别族群之一。主要聚居在西藏定结县
陈塘镇和聂拉木县樟木镇，人口较少，居住在
尼泊尔境内的夏尔巴人较多。

僜人少女

僜人是中国未识别族群之一。主要聚居在西藏察
隅县，人口较少，其主体部分生活在麦克马洪线
以南印度控制区内。

民族名称的调查研究，又识别、确认了
15 个少数民族，并将 74 种不同族称归并
到 53 个少数民族之中。1965 年，珞巴族
被确认为单一民族。1979 年，基诺族被
确认为第 56 个单一民族。至此，我国 56
个民族的识别工作基本完成。

我国历史悠久、民族众多，在长期
的历史发展中，各民族交错杂居、互相
影响，情况异常复杂，经过几十年的识
别，也还存在一些遗留问题。2010 年第
六次全国人口普查公布的数据中，还有
64 万属于未确定民族身份的人口，他们
是单一民族还是已识别的某个民族的一
部分，还有待进一步深入研究。

在中国这片古老的土地上，上演过
无数波澜壮阔的民族变迁史，每个民族
都不可能是单向或独立发展的。从漫长
的历史时空中走到今天的中国各族群，
早就你中有我、我中有你了，作为中华
民族的一员，已经足以让我们感到骄傲
和自豪！

>>>寻踪觅迹

中华民族博物院（中华民族园）位
于北京市国家奥林匹克公园内，是一座
复原、收藏、陈列和研究中国 56 个民族
文化、文物、社会生活的大型人类学博
物院。

民族文化宫 位于北京长安街西侧，
设有展览馆、中国民族图书馆、陈列室
(博物馆)、大剧院、民族画院等，是了解
中国少数民族文化的窗口。

46. 自称蚩尤后代的苗族

如果你来到中国西南的苗族聚居区，就会了解到蚩尤是苗族的大祖神，在苗人心目中有非常崇高的地位，苗族民俗中有许多关于蚩尤的传说和崇拜蚩尤的活动。

传说5000年前，蚩尤居江淮，黄帝、炎帝分别居黄河上游的姬水和羌水，他们分别是三个部落的首领。为了争夺良田沃土，黄帝部落在征服了炎帝等部落后，向东进入黄河下游及中原地带，与九黎部落首领、苗族始祖蚩尤的部落发生了大规模的战争。据说"黄帝战蚩尤，九战九不胜"，最后黄帝派遣两个女子，一个叫玄，一个叫嫄，用毒药谋害了蚩尤。

九黎部落战败后，逃到了长江中游，

岜沙苗人
生活在贵州从江县丙妹镇月亮山麓，传说是蚩尤三儿子的后裔，他们的发式和装束据说是从蚩尤老祖时代传下来的。他们是现今中国唯一允许持枪的部落，因此被称为"中国最后的枪手部落"。

西江"千户苗寨"
位于贵州雷山县，因居住有一千多户苗族人家而得名，是中国最大的苗族聚居村寨。

清代苗族芦笙舞图

芦笙舞是广泛流行于苗、侗、水、仡佬、彝、拉祜、傈僳、纳西等少数民族地区的民间舞蹈。

在鄱阳湖和洞庭湖之间建立了三苗国。尧、舜、禹都不容三苗，此后历代王朝都对苗族进行征伐，苗族不断从东向西迁徙，从江淮迁到乌蒙。唐宋以前，曾有三苗、南蛮、荆蛮、武陵蛮等称呼，这些称呼把苗和其他族称混同在一起。宋代以后，苗才从若干混称的"蛮"中脱离出来，作为单一的民族名称。经过多次大迁徙，苗族形成了今天的分布格局——以中国为主要聚居地的一个世界性的民族。世界五大洲都有苗族的足迹，主要分布在泰国、老挝、越南、法国、德国、英国、加拿大、阿根廷、澳大利亚、美国等国家。

传说蚩尤有 81 个兄弟，他们从富庶丰饶的东部，跋山涉水来到西部的崇山峻岭之中，被巍峨的大山和汹涌的江河分割成了相互隔绝的聚居区，久而久之，形成了不同的方言和不同的风俗习惯，而服饰差异尤其明显。其他民族按其服饰和居住地域，对苗族的称谓五花八门，有红苗、白苗、黑苗、青苗、花苗等不下数十种。

大部分苗族人自称蒙、牡、摸或毛，有的地区自称嘎脑、果雄、带叟、答几等，这些称呼的本义都是一样的，只是由于方言土语的不同造成读音上有差异。中华人民共和国成立后，经过民族识别，根据本民族的意愿，以苗族作为该民族的统一名称。

>>>阅读指南

　　吴荣臻主编：《苗族通史》。民族出版社，2007 年 11 月。

　　于婧：《苗族》。开明出版社，2010 年 7 月。

>>>寻踪觅迹

　　贵州台江县　苗族占全县人口 97%，被称为"天下苗族第一县"。

　　湖南凤凰古城　苗族聚居区，被誉为"中国最美的小城"，建在沱江畔的苗家吊脚楼别具一格。

>>>小贴士

　　主要聚居地：贵州、湖南、云南、重庆、四川、广西、湖北、海南。

　　人口：中国 942.6 万，外国约 20 万。

47. 盘王的子孙瑶族

盘瑶
因信奉盘王而得名，是瑶族最大的支系，包含了大部分的瑶族人口，过山瑶、山子瑶、排瑶等属于盘瑶分支。

1951年，广西蒙山县成立了岭祖瑶民自治区政府（今属金秀瑶族自治县忠良乡），并任命瑶胞为区长。瑶民们高兴地说："石板下的笋子出头啦！"

瑶族是一个古老的民族，其来源说法不一，有山越说、五溪蛮说、多元说等，大多数人认为瑶族与古代的荆蛮、长沙蛮、武陵蛮等有渊源关系。

瑶族在历史上曾受到残酷压迫和深重歧视。传说元朝大德年间，天大旱，除瑶族聚居的千家峒之外，其他地方的庄稼颗粒无收。官府派人到千家峒催瑶民交粮，瑶民们盛情款待了催粮官。催粮官进了千家峒后，一住数月，从峒头吃到峒尾，天天喝得酩酊大醉，乐不思归。官府误以为催粮官被瑶民杀害了，就派兵杀进千家峒。瑶民不得不吹响牛角，拿起弓箭、砍刀、猎枪迎战官兵，保卫家园。激战数月，终因寡不敌众，最后只剩下盘、奉、包、沈、唐、黄、李、廖、任、邓、赵、周12姓瑶人逃离世代繁衍生息的千家峒。

12姓瑶人走了七天七夜，来到了大海边，上了一条木船，却又遇上了狂风大浪。船在海中漂了七七四十九天不能靠岸，眼看就要船毁人亡。这

>>>小贴士

主要聚居地：广西、湖南、云南、广东、贵州。越南、老挝、泰国、美国、法国等国家也有瑶族居住。

人口：中国279.6万，外国约60万。

瑶族盘王节 起源于对始祖盘王的祭祀。瑶族支系众多，原无全民族统一的节日，各地瑶族过盘王节的时间也不一致。1984年，全国各地瑶族代表商议决定，将每年农历十月十六日定为盘王节，作为全国瑶族的统一节日。

时，有人在船头许下大愿，祈求始祖盘王保佑子孙平安。许过愿后，顿时风平浪静，船很快就靠了岸，瑶人得救了。这天是农历十月十六日，恰好是盘王的生日。于是，瑶民就砍树挖成木碓(duì)，把糯米蒸熟春成糍粑，大家围在一起唱歌跳舞，庆祝瑶人新生和盘王的生日。这就是十月十六日瑶族盘王节的来历。

不久，12姓瑶人又按姓氏分头迁徙。在分手前，族长把供奉盘王的金香炉砸成12块，将随身发号的牛角锯成12节。大家喝血酒盟誓："铜打香炉三斤半，黄金四两五钱三，瑶家各姓拿一块；牛角锯成12节，每姓一节各自飞。"他们盼望着有一天12块香炉片和12节牛角能合拢，吹响芦笙，打起长鼓，振动铜铃，重新回到千家峒。

由于害怕官府追杀，迁徙到南方各地的各支瑶族人躲进了深山老林，以至形成今天"岭南无山不有瑶"的分布格局。由于地处偏僻，交通不便，瑶族内

瑶族祭祀盘王必跳长鼓舞
传说瑶族始祖盘王上山打猎与野羊搏斗时从悬崖跌落，死在一棵树杈上。人们便挖空树心，剥下羊皮蒙成长鼓，日夜敲打以祭盘王。舞蹈动作表现盘王及其子孙开辟千家峒的勤劳勇敢。

花瑶

因服饰独特、色彩艳丽而得名，聚居在湖南隆回县虎形山瑶族乡。与瑶族其他支系不同，他们不知道瑶家鼻祖盘王，也不过盘王节。"讨念拜"和"讨僚皈"是花瑶最盛大、最隆重的传统佳节，已有上千年历史。花瑶挑花是我国民间艺术宝库中的一朵奇葩。

部及其与外界之间交往较少，造成瑶族社会经济发展严重滞后。数百年过去了，各姓瑶族再也找不到千家峒，自然也无法团圆了。

散居各地的瑶族与其他民族杂居在一起，形成了不同的称谓。其他民族根据瑶族的服饰、信仰、居住地、生产生活方式等，把瑶族称为花瑶、生瑶、熟瑶、山子瑶、平地瑶、过山瑶、盘瑶、蓝靛瑶、红头瑶、茶山瑶、尖头瑶、白裤瑶等。瑶族的自称主要有勉、布努、拉珈、金门、瑙格劳等。

1953年，根据瑶族人民的意愿，以瑶族作为统一族称。

>>>阅读指南

奉恒高主编：《瑶族通史》。民族出版社，2007年6月。

张有隽：《瑶族历史与文化》。广西民族出版社，2001年5月。

>>>寻踪觅迹

广西金秀瑶族自治县　世居着瑶族的五个支系：茶山瑶、盘瑶、花蓝瑶、山子瑶、坳瑶。大瑶山不仅雄奇秀美，而且在以金秀县城为中心、跨越粤湘黔桂四省区、半径300千米的范围内，集中了全世界60%以上的瑶族人口。

湖南江华县　中国瑶族人口最多、面积最大的瑶族自治县，瑶族占总人口的57.1%。瑶族伴嫁歌舞"坐歌堂"等别具一格。

48. 曾被误称为"湘苗"的土家族

1950年9月，湘西姑娘田心桃从沅陵坐汽车到长沙，几经辗转后，来到了九省通衢武汉。她是作为湘西行署推荐的少数民族代表，来这里参加中南军政委员会第二次会议的。第一次走进这么大的城市参加这么重要的会议，田心桃心中有说不出的快意。同时，她又有些失望，因为她戴的是苗族代表证，报纸上登载的参会代表名单，也把她称为"湘苗田心桃"。

"我明明是毕兹卡，明明是土家族啊！"田心桃暗下决心："我一定要趁此机会，宣传土家，让全国人民都晓得湘西有土家人存在。"

在中华人民共和国成立前，由于历代统治者实行民族压迫和民族歧视政策，许多少数民族为了趋利避害求生存，不得不隐瞒自己的少数民族身份，甚至设法攀附汉族的豪门显祖，如姓刘的不管哪个民族都说是刘邦的后裔，于是造成

摆手舞
土家族最具代表性的舞蹈，发源于重庆酉阳土家族苗族自治县境内的酉水河流域。现发展为集祭祀、祈祷、歌舞、社交、体育竞赛等为一体的综合性民俗活动。酉阳县被称为"土家摆手舞之乡"。

土家族织锦又叫"西兰卡普"，是中国四大名锦之一

田心桃提出的问题引起了中央领导人的重视。著名人类学和民族学家、时任中央民委参事的杨成志对田心桃进行了专访，中国科学院语言研究所、中山大学等单位均派出著名的语言学家对土家族语言进行研究，初步确定土家语是一种独立的少数民族语言。1953年，中央又安排我国著名的社会学家、民族学家潘光旦专门研究土家族的族源问题，并派他的学生、留学美国的汪明禹教授带队去湘西调查。潘光旦教授花了整整四年时间，以丰富的史料、确凿的论据说明：土家是具有悠久历史的古代巴人后裔的一支，土家先民在今湘西、鄂西一带繁衍生息，因其地有五条溪流，被称为五溪蛮或武陵蛮，宋代之后被称为土丁、土民等。汉族人大量迁入后，土家作为族称开始出现。土家族人自称

许多少数民族不为外界知晓。随着民族平等和民族团结政策的实施，少数民族急切地希望他们的民族身份能得到真实表达。在民国时期，苗族已是全国认知认同的几个少数民族之一，那时生活在湘、鄂、川、黔四省交界的土家与苗在外界社会看来是没有区别的，但当地人是明了的，因为土家自称毕兹卡，称苗族为伯卡，称汉族为帕卡。

会议期间，田心桃利用各种机会，向与会代表和有关领导介绍土家的情况。土家是不是一个单一的民族，成了会议和媒体的一个新鲜话题。

1950年国庆节，田心桃又被推荐为中南区少数民族国庆观礼团成员到北京参加国庆盛典，她又利用这一机会向有关领导和专家介绍土家族。

>>>阅读指南
《土家族社会历史调查》。民族出版社，2009年7月。
《土家族简史》。民族出版社，2009年6月。

土家族主要生活在中国南方山区，吊脚楼是土家族代表性的民居建筑

为毕兹卡，意思是"本地人"。

然而，当相关材料转发到湖南征求意见时，却发生了意想不到的情况，湖南省委电复中央，认为"土家语言是湖南、广东一带的一种方言，是少数青年学生为了想得到照顾，所以要求承认土家是少数民族"。针对这种情况，1955年，中央民委、全国人大、中国科学院等单位又一次研讨，大家依然坚持土家为单一民族的意见。应土家人民的强烈要求，1956年到1957年，中央又两次派潘光旦教授带队赴湘西、鄂西土家人聚居地调查。

1957年，有关部门正式确定土家为单一民族。

>>>小贴士

主要聚居地：湖南湘西土家族苗族自治州，湖北恩施土家族苗族自治州、五峰土家族自治县、长阳土家族自治县，贵州沿河土家族自治县，重庆酉（yǒu）阳土家族苗族自治县。

人口：835.4万。

>>>寻踪觅迹

湖北恩施土家族苗族自治州　土家族聚居地之一，有中国目前保存最完整的土家土司王城。州博物馆收藏众多巴文化、崖葬文化、土司文化以及民俗文物等。

湖北长阳土家族自治县　长阳山歌、南曲、巴山舞被誉为土家文化的"三件宝"。

49. 曾被误认为彝族的贵州布依族

贵州贵阳市花溪区葵花村布依族石寨建筑

在贵州中部，你不仅可以看到世界上最大的喀斯特地貌和壮观的黄果树瀑布群，还可以看到许多用石头依山修筑的山寨。走进山寨，映入眼帘的是一个石头的世界：石屋层层叠叠，布局井然有序；村前有石桥和用石头围着的梯田；村中的巷道是石块铺的，院墙房屋是石头垒的，屋顶上盖着的是薄石板，就连家中的桌、凳、盆、磨、灶等也都是石头造的。村寨里的男子人人都会石工活。手艺代代相传，几米甚至十几米的石头墙壁不用泥浆也能垒砌得固若金汤。屋顶的薄石片铺盖成菱形或鱼形，有的地方还雕龙刻凤，不仅结构严谨，而且富有装饰性……

这些石屋的建造者就是布依族人。

布依族与壮族有同源关系，是古代百越的一支。汉文史书中，布依族先民在唐代之前被包含在西南蛮中，宋元之后被称为蕃、仲家蛮，明清被称为仲蛮，民国时期被称为夷家、夷族、水户、土

>>>阅读指南

　　管仲：《布依族》。新疆美术摄影出版社、新疆电子音像出版社，2010 年 3 月。

　　周国炎：《中国布依族》。宁夏人民出版社，2012 年 5 月。

贵州关岭县布依族妇女

边等。

　　1950年冬，贵州部分仲家知识分子提出，仲家、夷族等称呼带有歧视性和侮辱性，应该更改。于是，原先被称为夷族的许多人将自己的族别改为彝族，仲家聚居区也用彝族作为族称。但是，他们真的是彝族吗？他们与其他地方的彝族是不是同一民族？

　　其实，他们统一的自称是布依。此外，不同地区的同族人之间还互称布依、初笼、布那、布土或布都、布央、布笼哈等，同族的不同姓氏间也互称为布武、布韦、布鲁等。在他称上，则因居住地的地理环境不同而异，居住在河谷和近水地带的被称为水户，居住在山区的被称为老户，其他还有本地、土边、布纳、布依、布傈等称谓。因此，布依与四川大小凉山等地的彝族既没有渊源关系，语言文化特点也不相同。

　　经过广泛、深入地征求各地群众的意见和协商，1953年，按照音译法选用布依作为统一族称，原来自称彝族的仲家也改为布依族。

>>>小贴士
　　主要聚居地：贵州黔南布依族苗族自治州、黔西南布依族苗族自治州、安顺市、贵阳市。
　　人口：287万。

>>>寻踪觅迹
　　镇山村　位于贵州贵阳市花溪区，原是明朝的屯军要塞，清代中叶后成为布依族聚落。石街、石巷、石房、石瓦、石墙——整个村子俨然一座露天的石生态博物馆。
　　贵州望谟县　全国布依族人口聚居最多的县，全县17个乡镇都有布依族，是布依族传统节日"三月三"的主要传承地和保护地。

50. 以歌养心的侗族

有民谚说:"侗人文化三样宝,鼓楼、大歌和花桥。"其中大歌是侗族特有的民间音乐。

"不种田地无法把命来养活,不唱山歌日子怎么过。饭养身子歌养心,活路要做也要唱山歌。"侗族人把唱歌看成和吃饭一样的天经地义、须臾不可离开的事情。"饭养身,歌养心"是侗族人的口头禅。"汉字有书传书本,侗家无字传歌声,祖辈传唱到父辈,父辈传唱到儿孙。"这首侗家歌谣清楚地指明了侗族文化的精髓在侗歌。在侗族地区,歌师是公认的最有知识、最懂道理的人,很受尊重。

侗歌有很多种,最有代表性的是大歌。它是一种"众低独高"的音乐,必须由三人以上进行演唱,多声部、无指挥、无伴奏是其主要特点。多声部无伴奏合唱是最高级的合唱艺术。长期以来,国际乐坛一直认为中国没有多声部和声艺术,侗族大歌推翻了西方音乐界的结论和偏见。

侗族是古代越人的后裔,主要分布在湘、黔、桂三省(区)毗邻地带,居住集中,地域连片,民族内部交往密

侗族鼓楼

鼓楼是侗族的标志性建筑,有侗寨必有鼓楼。鼓楼一般按族姓建造,每个族姓一座鼓楼,族姓多的侗寨,有时一寨之中会有几座鼓楼并立。鼓楼是侗族人娱乐、议事的公共场所,是侗族文化的多元载体。

>>>小贴士

主要聚居地:贵州黔东南苗族侗族自治州、玉屏侗族自治县,湖南通道侗族自治县、新晃侗族自治县,广西三江侗族自治县、龙胜各族自治县。

人口:288万。

侗族"三宝"之一——花桥（风雨桥）

侗乡溪河纵横交错，风雨桥多建于交通要道，不仅提供交通便利，方便行人过往歇脚，也是迎宾场所，还有镇邪和留财之意。

广西三江县侗族吹芦笙

切。侗族先民的名称最早见于宋代汉文书籍，称为仡伶，明代汉文史书上称之为峒（硐、洞）人或洞蛮，清代称为洞苗、洞民、洞家等。汉族民间称之为侗家，苗族称之为呆故。侗族自称干、更或金。中华人民共和国成立后正式定名为侗族。

>>>阅读指南

杨永和、吴新华主编：《侗族大歌》。广西民族出版社，2012年10月。

黄海涛：《侗族》。新疆美术摄影出版社、新疆电子音像出版社，2010年3月。

>>>寻踪觅迹

贵州黎平县 全国侗族人口最多的县，是侗族文化的主要发祥地之一，有"侗乡之都"等称号。有地坪风雨桥、肇兴侗寨、岩洞侗寨、堂安侗寨、翘街古城、高近古戏台等侗族文化名胜，建有侗族生态博物馆。

广西三江侗族自治县 拥有保存完好、数量众多、分布集中的侗族建筑群，共有侗族风雨桥108座，鼓楼159座，以及大量侗族民居建筑群。侗族文化绚丽多姿，有程阳八寨、三江鼓楼和丹洲、马胖、良口、岜团桥等重点景区，建有侗族生态博物馆。

51.从"水家族"到"水族"

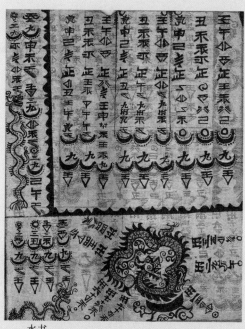

水书

上面这些图画或符号是水书，是水族的独特文字，是一种类似甲骨文和金文的古老文字符号，被誉为象形文字的活化石，目前已发现有 800 多个字。2002 年，水书被列入中国档案文献遗产名录。

关于水书的来历，流传着一个动人的传说。相传水族原本没有文字，人们的生产和生活有诸多不便，于是足智多谋的陆铎公等人不辞辛劳，长途跋涉到仙人山上求学文字。经过十年的潜心学习，他们终于从仙人那里学到了文字。在归途中，同伴们相继被病魔夺去生命，只有陆铎公一人经过千辛万苦、九死一生才把学到的文字带回水族地区。由于这种从仙人那里学来的文字具有推演吉凶、卜算祸福、解决疑难的强大魔力，有些人就起了歹念，想把水书抢走或焚毁，最后只有一本得以保全。从那之后，陆铎公为了避免水书被坏人利用，故意用左手写字，改变字形，还将一些字反着写、倒着写或增减笔画，这样就形成了今天的水书。

水书至今还在水族人的社会生活中起着重要作用，特别是在丧葬、营建、

>>>小贴士

主要聚居地：贵州三都水族自治县、荔波县、独山县、都匀市、榕江县、从江县。

人口：41.18 万。

>>>阅读指南

韦学纯：《中国水族》。宁夏人民出版社，2012 年 12 月。

韦章炳：《水书文化与中华断代文明——水书历史档案文献探究》。光明日报出版社，2012 年 12 月。

马尾绣背带

马尾绣是水族最具特色的刺绣工艺，以马尾做芯，用手工将白色丝线紧密缠绕在马尾上，然后将马尾绣线盘绣于花纹的轮廓上，空余部分按通常的刺绣工艺进行填补，被称为刺绣的活化石。

出行、节日、占卜、农事等活动中发挥着指导和规范的作用。它是世界上为数不多的仍然活着的象形文字之一。

水族的远祖是古代百越的一支。唐宋时，水族先民与壮、侗等各族先民一起被统称为僚。水族之称最早见于明代史籍，清代水族被称为水家苗、水家等。

水族自称"虽"（suǐ）。汉族称之为"水"，是根据其自称的音译，并不是"水"字之意。"水家"作为专用族称，在中华人民共和国成立后得到确认。1956年9月，中央人民政府正式确认了"水家族"的族称。但是，到底是以"水家"还是以"水"作为民族的名称，争议一直没有停止过。经过本民族代表人物协商，大多数人赞成改为"水族"。

1956年12月，水家族正式改称为水族。

水族居住地位于云贵高原东南部的都柳江和龙江上游，主要从事水稻种植。水族有许多传统节日，最隆重的当推端节。端节又叫瓜节，贵州省三都、都匀、独山、荔波等县市的绝大多数水族人都过这一节日，与汉族的春节相似。端节是根据水书水历推算出来的，约相当于农历八月至十月，每逢亥（猪）日，各地依传统分批过节。时值大季收割、小季播种，也是水历的年末岁首，因此是辞旧迎新、庆贺丰收、祭祀祖先的盛大节日。

在水族中，有"过端不过卯，过卯不过端"的传统区分，而且各地区过节的先后次序是不能颠倒或混淆的。卯节是三都县九阡地区及其相邻的荔波县部分水族人过的节日。与端节一样，也是分期分批过节，日子要选在插秧结束之后的水历九月到十月（相当于农历五月到六月）的卯日。由于端节和卯节事实上都是过年，所以过端节的地区不过卯节，过卯节的地区不过端节。

>>>寻踪觅迹

　　三都水族自治县　中国唯一的水族自治县，民族风情浓郁，有庙良村、八猫寨、姑噜寨、怎雷村、板告村、巴茅村等独具特色的水族村寨，并建有民族博物馆。

52. 人口最多的少数民族——壮族

伟大的革命先行者孙中山在 1912 年提出汉、满、蒙、回、藏"五族共和"的时候，壮族没有被列入，但后来壮族却成为中国人口最多的少数民族，这是为什么呢？

壮族先民很早就在岭南地区生息繁衍并创造了比较先进的文化。在广西等地发现的"柳江人"、"麒麟山人"等大量古人类遗址，都出土了丰富的文物，经现代科技手段检测，现代壮族与这些

壮族粽子

壮族人过年要包粽子，用于祭祀。粽子大的重达十几千克，这种习俗与其稻作文化有关。

古人类的体质特征有明显的继承关系。

历史上，聚居在今广西、云南、广东等地的壮族先民被汉族称为西瓯、骆越、俚、僚、俍等。南宋时期，汉族文人把壮族称为撞军、撞丁。到了民国，官方文献把壮族称为獞人。由于居住环境、方言、服饰等方面的差异，壮族形

云雷纹角形青铜器

西周。是壮族先民精湛铸造技术的体现。广西柳州市博物馆藏。

>>>小贴士

主要聚居地：广西、云南、广东、湖南。

人口：1692.64 万。

>>>阅读指南

覃彩銮：《壮族史》。广东人民出版社，2002 年 12 月。

蒋廷瑜：《壮族铜鼓研究》。广西人民出版社，2005 年 1 月。

四足方台座滑石囷（qūn）
东汉。广西梧州市出土，显示了壮族先民娴熟的雕刻技艺。囷是一种圆形谷仓。广西壮族自治区博物馆藏。

五俑三眼陶灶
是东汉时期壮族先民日常生活的生动再现。广西贵港市东湖新村出土，广西壮族自治区博物馆藏。

成了布壮、布土、布侬、布沙等20多种自称。虽然各地壮族的自称不同，但是他们有共同的历史来源，居住的地域相连，生产方式、生活方式、语言、风俗习惯等都大抵相同。由于壮族先民从来没有建立过统一的政权，语言文字没有统一，族称也一直没有统一。1952年，中央人民政府公布的民族名称中就有僮（zhuàng）族、侬族、沙族等族称，后来经过民族识别，统一定为僮族。1953年第一次全国人口普查时，壮族人口就仅次于汉族，从名不见经传一跃成为中国第二大的民族。

由于"僮"是多音字，读"tóng"音时，意思是"被奴使的未成年人"，"广西僮族"有可能从字面上被误解为"广西的一个被奴使的未成年民族"。同时，"僮"字的字形也比较复杂。于是，1965年，周恩来总理建议将"僮族"改为"壮族"，给壮族的族称赋予壮美、健壮、壮实等健康向上的意义，得到了壮族人民的拥护。

>>>寻踪觅迹
广西壮族自治区博物馆　陈列广西各个时期的历史和壮族文物，同时也是全世界收藏铜鼓数量最多和铜鼓原始纪录资料最齐全的博物馆。

广西东兰县　壮族聚居地，被誉为"铜鼓之乡"。铜鼓是壮族的文化瑰宝，全世界目前仅有2400多面铜鼓，东兰民间收藏的传世铜鼓达613面。

53. 以"母亲"为族名的仫佬族

仫佬山乡美如画

传说很久以前，仫佬人居住的地方飞来了一只金凤凰，生下了一个凤凰蛋，从此，仫佬人的生活不仅一年比一年好，还出了很多文武官员、能工巧匠。天神知道后十分忌妒，就派天兵天将下凡来捕捉金凤凰，捣毁凤凰蛋。金凤凰与天兵天将进行了殊死搏斗，把他们打得七零八落。天神十分恼怒，下令捣毁凤凰窝。金凤凰最后精疲力竭，不幸被暗箭射死，变成了今天的凤凰山，凤凰蛋则变成山前的哆罗岭。为了纪念那只美丽的金凤凰，仫佬山乡的村村寨寨都开展一种叫"凤凰护蛋"的民族传统体育活动。

仫佬族源于古代的百越。唐宋之前被包括在僚之中，宋代之后被称为伶、伶獠等，清代才有姆佬之名。在民族语

>>>小贴士
　主要聚居地：广西罗城仫佬族自治县，贵州东南部和南部。
　人口：21.63万。

广西柳城县古砦乡滩头屯仫佬族民居群

言中，仫佬是"母亲"的意思。1956年，根据仫佬人民的意愿，以仫佬作为正式族称。

在贵州凯里、都匀、麻江、福泉、黄平等市县，散居着三万多木佬人，他们到底属于哪个民族一直没有得到确认。从1953年自报登记为"木佬族"开始，专家学者、政府官员和仫佬族内部等各方对于木佬人的族属存在不同意见。从1980年起，经过十多年的考察、识别，木佬人的族属问题终于得到了解决。1993年6月，木佬人被认定为仫佬族。

仫佬族聚居的广西罗城地区属于石山地带，土质贫瘠，农田灌溉和交通都不方便，却蕴藏着丰富的煤和硫磺等资源，素称"煤乡"，仫佬人因此形成了采矿传统。明清文献就有仫佬族采煤为生、掘地为炉烧制沙罐的记载。民国时期煤矿开采量扩大，使仫佬族成为当时生产工人占人口比重较大的少数民族。

仫佬族与壮族、汉族杂居或通婚，深受汉、壮文化的影响，有尊师重教传统。明清时期仫佬族的书院和私塾便很发达，这使得现在的仫佬族山乡，乡乡有"秀才村"，村村有"秀才屯"。

>>>阅读指南
《仫佬族简史》。民族出版社，2008年7月。
《广西仫佬族社会历史调查》。民族出版社，2009年6月。

>>>寻踪觅迹
广西罗城仫佬族自治县 山青、水秀、洞奇、石美、物丰与浓郁的民族风情融为一体，仫佬族依饭节、走坡节、坐夜歌、打老庚等民俗甚为独特。

54. 从"毛难"到"毛南"

花竹帽被誉为毛南族的"族宝"之一

毛南族古墓群
位于广西环江县凤腾山，石墓雕刻精美，是毛南族历史和石雕艺术
的完美结合。

大年正月初一清早，孩子们穿上新衣服，给家中的老人拜年，讨压岁钱，这是我们常见的过年景象。可是，在广西毛南族山乡，正月初一孩子们要做的第一件事却是晨读。

每年大年初一凌晨，鸡叫过三遍，广西毛南族各家各户就将早已准备好的 12 个炮仗点燃，村里便传来了琅琅的读书声。有孩子的人家，这时都要围在堂屋的神桌前，打开书本朗诵诗文。毛南人认为，新年的第一天清早读书，孩子脑筋灵，肚子"吃"得进书，这一年里他们就会勤奋好学。

春节晨读风俗的形成有一个来历。据说从前有位不识字的毛南人请人写对联，结果被嘲弄挖苦，因此下决心教

当代毛南人

儿成才，每年大年初一一大早就让孩子开始读书，后来他的孩子果然成才。此事传开，家家效仿，成为风俗。

毛南族聚居的山区石山延绵，可开垦的土地很少，而且水源缺乏，旱灾频发，人畜饮水和灌溉用水都十分困难。历史上流传着这样的民谣："毛南年年为水愁，十年九旱七无收，男人说水比酒贵，女人讲水贵如油。"在这样恶劣的自然环境中，毛南人却依靠勤劳和聪明才智创造了一个个奇迹。他们开垦田地，从事农业生产，兼营各种副业，优质菜牛、工艺精湛的花竹帽等都颇有名气。

毛南族是古代岭南百越人的后裔。唐以前的僚、宋元明时期的伶，是毛南族先民。汉族史书称之为茆（máo）滩、茅难、毛南、冒南、毛难等。1956年被正式确认为单一民族，当时叫毛难族。由于"难"是多音字，而且有艰难、灾难等不吉利的含义，1986年正式改称为毛南族。

生活在贵州平塘、惠水、独山三县的毛南人，多年来一直被称为"佯僙（Yángguāng）人"，1956年划为布依族，经过识别，1990年被认定为毛南族。从此，毛南族家庭中又增添了新的成员。

>>>阅读指南

《毛南族简史》。民族出版社，2008年12月。

《广西仫佬族毛南族社会历史调查》。民族出版社，2009年7月。

>>>寻踪觅迹

卡蒲毛南族乡　猴鼓舞艺术之乡，位于贵州平塘县，是毛南族的一支佯僙人的聚居地，他们是当地最早的土著民族，至今仍保持着较为原始的猴鼓舞、火把节、迎亲节、拦门歌等风情。

>>>小贴士

主要聚居地：广西环江毛南族自治县、贵州平塘县。

人口：10.12人。

55. 自称为"竹"的仡佬族

历史上仡佬族关于竹王的传说和崇敬竹子的习俗，至今仍广泛流传于各地的仡佬族民间。在贵州道真县一带，仡佬族妇女生儿育女后，要由丈夫或姐妹在夜深人静时将胎盘深埋在竹林中，寓意孩子在竹神的护佑下命根牢固，像嫩竹那样迅速生长，高过老竹，也寓意新的一代胜过老一代、子女超过父母。产妇在坐月子期间吃的鸡蛋壳也不能乱扔，要用洁净的竹筐装着，等产妇满月后，由丈夫或本人将鸡蛋壳倒在竹丛或埋在竹林中，寓意孩子在竹神的护佑下，不受日晒夜露之苦，长得白白净净，根基稳，命根牢，一年四季无病无灾，长命百岁。仡佬族在修房造屋时，要选择好日子，由建筑师傅到竹林里砍竹破篾。砍竹前，主人家要备上豆腐、糍粑、酒、茶、香烛、纸钱等祭品，端到竹林中祭祀竹神，祈求建房平安顺利。这些崇拜竹子的文化习俗，与仡佬族祖先古夜郎

九天母石
位于贵州务川县大坪镇。两片巨石中包含着一磴圆石，犹如九天天主诞生时的情景。相传仡佬族先民濮人是九天天主的后代，九天母石是九天天主的"母亲石"，是仡佬族的崇拜物。

舞毛龙是贵州石阡县仡佬族春节期间的一项民俗活动
毛龙以竹木扎制，外缠彩纸，龙体内放彩色灯球。舞动时通体色彩斑斓，灯球上下翻滚，似蛟龙闪
跃动，令人眼花缭乱，惊叹不已。

人的竹图腾是一脉相承的。

"仡佬"是仡佬语对竹子的称呼，也就是说，仡佬族是以竹子作为族称的，可见他们对竹子有着特别的感情。

仡佬族与古代居住在今贵州一带的僚人有密切的渊源关系，古僚人是夜郎国的主体民族之一。唐宋时汉文史书中开始出现葛僚、仡僚、革老、仡佬等名称，并统称为僚。僚人是古代中国西南地区若干少数民族的泛称，仡佬族先民是其中的一支。仡佬之名最早见于南宋。仡佬语分稿、阿欧、哈给、多罗四种方言。由于居住分散，汉语成为他们的通用语，不少人还通苗语、彝语、布依语。

不同地区的仡佬族还有不同的自称，有哈仡、埃审、布尔、濮、布告、褒佬、当佬等。中华人民共和国成立后，以仡佬作为统一族称。

>>>小贴士
　　主要聚居地：贵州务川仡佬族苗族自治县、道真仡佬族苗族自治县。
　　人口：55.07万。

>>>阅读指南
　　王钟健：《仡佬族》。新疆美术摄影出版社、新疆电子音像出版社，2010年3月。
　　钟金贵：《仡佬族民俗文化研究》。民族出版社，2012年12月。

>>>寻踪觅迹
　　贵州务川县　生活着仡佬、苗等25个民族，有"丹砂古县"、"仡佬之源"等美誉，有保存完好的龙潭仡佬族村、仡佬族祭天朝祖地天祖坳、院子箐史前仡佬文化遗址等历史人文景观，仡佬风情民俗独具特色。
　　贵州道真县　有31个民族杂居，仡佬族占总人口的近50%，有"仡佬故土"、"傩戏王国"之称。世居的仡佬族仍保留着独特的居住、饮食、服饰、民俗等风情，尤其是较为原始与完整地保存着被誉为"戏剧活化石"的傩文化。

56. 弹奏独弦琴的京族

有一种琴，它只有一根弦，但照样能弹奏出百变的音色和迂回的曲调，这就是京族最珍贵的独弦琴，它是一种保持原始一弦制的古老乐器。

独弦琴为京族独创，主要流行于越南，明朝时京族的祖先从越南迁徙到中国时，也把这种琴带了过来。

独弦琴的起源有许多美妙的传说，其中有一个说法流传甚广。相传古代有一个京族部落因为不满统治者的欺压，在他们的首领镛阕（què）的带领下从京城逃往深山大泽。一天晚上，他们来到瀑布边住宿，那犹如白练的瀑布凌空飞泻，声若雷鸣，却美妙和谐，其中夹杂着既清晰又饱满的伴音。镛阕侧耳细听，觉得清越美妙的声音发自瀑布之下。天亮后，镛阕走到水边去探个究竟，发现原来有一个葫芦掉在瀑潭中，被撞穿一个洞，洞穿的葫芦在水柱的弹击下发出了节奏和谐、美妙动听的声音。镛阕把葫芦捞了起来。奇怪的是，那葫芦离开了水，却依然能随着瀑布的声音自鸣。在这个神奇的葫芦启发下，镛阕创制了葫琴，也就是独弦琴。

斗笠是京族女子最具特色的装饰品和服饰组成部分

>>>小贴士

主要聚居地：广西东兴市江平沥镇尾岛、巫头岛、山心岛。

人口：2.82万。

弹奏独弦琴的京族女子

京族祭祀海神活动

京族渔民的绝活——踩着高跷捕鱼

京族自称京，是越南的主体民族，其族源可追溯到古代的百越和隋唐时期的僚。中国的京族是明朝年间由越南涂山一带因捕鱼漂海而落居于北部湾畔的沥（wàn）尾、巫头、山心一带的。当地汉族、壮族原来称他们为安南，中华人民共和国成立初期称之为越族，1958年改称京族。其是我国唯一一个以海洋渔业为主要生产方式的少数民族。

>>>阅读指南

　　何思源：《中国京族》。宁夏人民出版社，2012年5月。

　　曹俏萍：《京族民俗风情》。广西民族出版社，2012年7月。

>>>寻踪觅迹

　　京族三岛　位于广西东兴市的沥尾、巫头、山心三岛是京族的主要聚居地，海岛、沙滩和唱哈节等京族风情相辉映，具有独特的韵味。沥尾岛上还建有京族博物馆。

57. 五指山的儿女——黎族

海南岛坐落在我国南海的万顷碧波之中，阳光、海水、沙滩和椰树、槟榔组成独具特色的热带海岛风光，还有独特的黎族风情。

黎族是海南岛的土著居民和最早的开拓者，它是古代百越的一支。西汉的骆越，东汉的蛮，隋唐的俚、僚等都是泛称当时中国南方的一些少数民族的，其中就包括黎族先民。"黎"这一专有族称始于唐末，到宋代才固定下来，并沿用至今。由于分布地区的不同和方言、服饰、生活习俗等方面的差异，黎族内部有侾（xiāo）、杞、润（也称本地黎）、美孚和赛等自称。

海南盛产槟榔，槟榔易于栽培，花可做药材，果实有驱虫、抗病毒和真菌等作用，是中国"四大南药"之一。黎

黎族春米舞

由黎族妇女春米劳动演变而来的娱乐性舞蹈，具有独特的艺术风格。

>>>小贴士

主要聚居地：海南琼中县、白沙县、昌江县、东方市、乐东县、陵水县、保亭县、五指山市、三亚市。

人口：146.31万。

海南保亭黎族嬉水节

族的生活与槟榔息息相关，黎族人的品格也与槟榔的质朴无华内在相通。黎族人有嚼槟榔的习惯，用槟榔叶裹着切开的槟榔果和贝壳粉一起咀嚼。有人到黎家做客，主人总是先捧出备好的槟榔招待，途中遇着熟悉的人，也会互相掏出槟榔相请。用不同色彩的布包槟榔具有不同的含义，比如说媒一般用红布，探亲访友多用花布或彩色布，丧事用的是蓝布或黑布。提亲时，男方派出的人要带上用布巾包的槟榔，如果女方父母打开布巾吃了槟榔，就表示同意结亲。

槟榔在黎族人的一生中还被赋予了特殊意义。生了女孩，要在门前种一株槟榔树；等女孩长大出嫁时，把这株槟榔树挖出来移植到男方家去；到她死后，还要将这株槟榔树砍倒。槟榔在黎族文化中微妙的象征意义就像嚼槟榔一样，别有一番风味。

>>>阅读指南

《黎族简史》。民族出版社，2009年2月。

王学萍主编：《中国黎族》。民族出版社，2004年3月。

>>>寻踪觅迹

海南省博物馆 位于三亚市，展示了海南自旧石器时代以来两万多年间的历史进程。

58. 风花雪月滋润的白族

把风花雪月穿在身上的白族女子

云南大理有"风花雪月"四大奇景，即下关风、上关花、苍山雪、洱海月。

大理位于洱海和苍山之间狭长的冲积平原上，下关是今大理的新城区，上关是大理的古城区。唐朝南诏国时期，在这一狭长地带北南两边各筑了一座小城，扼守要冲，保卫王都的安全。北边的叫龙首关，又称为上关；南边的叫龙尾关，即今下关。下关正好位于一个风垭口处，下关风指洱海出水口的西洱河谷吹来的风，终年不止，尤以冬春为盛，因此下关有"风城"的雅号。上关花是指"十里香奇树"。此树原在上关沙坪街的和山寺内，花大如莲，每年开数百朵，

香气四溢。这种树结的果外壳坚硬，可以做成佛朝珠，所以花又称"朝珠花"，可惜的是这种花已经绝迹了。苍山上的雪终年不消，因此成为"风花雪月"四大名景之最。洱海由于水质纯净，透明度高，倒映在水中的月亮和苍山雪交相辉映，构成"银苍玉洱"的奇观。

白族妇女的服饰以白色为基调，最突出的是头饰，由七种颜色组成，囊括

>>>小贴士
主要聚居地：云南大理白族自治州、兰坪白族普米族自治县。
人口：193.35万。

白族民居青瓦白墙，山墙屋角习惯用水墨图案装饰，典雅大方

了风、花、雪、月的优美景致。那发辫下盘着的绣花头巾，代表大理四季盛开的鲜花；头巾一侧垂下雪白的缨穗，象征着终年吹拂的下关风；绣花头帕上雪白的绒毛，表现了苍山顶上的皑皑白雪；美丽的发辫似一轮弯弯的月儿挂在花海之中，象征洱海上空升起的一轮明月。

白族先民很早就在以苍山洱海和滇池为中心的地区生息繁衍。两汉时的昆明，三国、两晋以后的叟都与白族有渊源关系。唐宋时称之为白蛮。公元937年，段氏建立以白族先民为主体的大理国，与宋朝以臣属关系相处，从此白族再也没有离开过祖国大家庭。元朝称白族先民为白人，明清时被称为民家。白族自称白伙、白尼、白子等，意思是白人。1956年，根据本民族的意愿，定族称为白族。

>>>阅读指南

《白族简史》。民族出版社，2008年11月。

杨镇圭：《白族文化史》。云南民族出版社，2002年7月。

>>>寻踪觅迹

大理喜洲　是留存下来的南诏古城的一部分，集中了白族民居建筑的精华。这里也是大理文化的发祥地和云南著名的侨乡。

59. 创造贝叶文化的傣族

如果男子没有进寺庙当过和尚，就很难得到姑娘的喜欢，这绝对是千真万确的事，这是傣族过去的一种风俗习惯。

从前，傣族全民信仰佛教，当代傣族地区依然是"有村必有寺，有寺必有佛"。傣族信仰的佛教与汉族和藏族地区流行的佛教有所不同，叫南传上座部佛教，又叫小乘佛教。按照传统的宗教习俗，傣族男子都应出家为僧一段时间，这样才算有教化。过去，傣族男孩十岁左右就要到寺院学经，时间半年左右，少数会长达数年，甚至终生为僧，所以没有出家当过和尚的男子得不到姑娘的青睐就很正常了。当然，现在这种状况已经改变了。

傣族古代佛教经文的载体也与众不同，不是刻在竹简上或者写在纸上，而是刻写在一种特殊的树叶——贝叶上，然后用绳子穿成册，可保存数百年之久。傣族贝叶经据说有8.4万部，内容十分丰富，涉及历史、哲学、经济、政治、天文、历法、军事、体育、生产知识、

写在贝叶上的傣族经文

云南景洪市勐罕镇曼春满村的曼春满佛寺，已有一千多年历史

自然科学、医药、伦理道德、法律、心理学、宗教教义、文学艺术、制品工艺和建筑技术等方面，可以说是傣族传统文化的集大成者和智慧的万有文库。

关于贝叶经，傣族民间有一个传说。说是很久以前，有一个傣族小伙子辞别未婚妻去远方寻找光明，夫妻俩每天都要给对方写一封信，以表达思念之情。信刻写在芭蕉叶上，由一只鹦鹉为他们传递。随着小伙子越走越远，送信需要的时间也越来越长，芭蕉信还没送到便枯萎了，信中的字迹也无法看清，他们非常伤心。有一天，小伙子在森林中见到一种棕榈，昆虫啃食叶肉后在叶片上留下了清晰的纹路，他受到启发，就把信刻写在这种棕榈的叶片上。这封信在多天的传递途中，虽经风吹雨打，字迹依然十分清晰。这样，用贝叶棕的叶片刻写文字的方法便被傣族先民发明了。

傣族人民与贝叶树结下了特殊感情，贝叶树在他们心目中是一种吉祥物，象征着光明与爱情。傣族人把美好的理想和吉祥幸福的希望寄托于贝叶树，用一片片贝叶记录傣族的历史和文化，世代相传。用他们的话说，贝叶"是运载着

>>>小贴士

主要聚居地：云南西双版纳傣族自治州、德宏傣族景颇族自治州、耿马傣族佤族自治县、孟连傣族拉祜族佤族自治县以及新平、元江、金平等30余个县（自治县）。

人口：126.13万。

花腰傣

傣族的一个支系，他们自称是古代滇王室的后裔，保存有自己独特的文化。云南新平彝族傣族自治县是最大的花腰傣聚居地。

傣族历史文化走向光明的一片神舟"。贝叶文化也因其巨大的价值而名扬四海。

傣族先民自远古以来就繁衍生息在中国西南部。公元 1 世纪，汉文史籍就已经有关于傣族先民的记载，称其为滇越、掸、擅、僚、鸠僚，唐宋时期称其为金齿、黑齿、花蛮、白衣等，元明时期称其为白夷、百夷、伯夷等。

傣族人自称傣。不同地区的傣族人因方言和习俗的不同分为傣泐（lè）、傣那、傣雅、傣绷等族群，服饰上有一些差别。汉族经常把傣族区分为旱傣和水傣。前者因吸收汉文化较多，称为汉傣，讹传为旱傣；云南西双版纳、孟连、瑞丽等地受汉族影响比较少的傣族称为水傣。民国时期，汉族还把居住在云南新平、元江两县和红河中上游自称为傣雅、傣洒、傣卡、傣仲的傣族称为花腰傣，原因是这一带的傣族喜欢以花纹布制裙。

傣族有自己的文字，历史上有过不同形体的傣泐文、傣那文、傣蹦文、金平傣文和新平傣文五种文字。经过改进，现在使用的是两种规范的傣文——西双版纳傣文和德宏傣文。

"傣"意为酷爱自由、和平的人。中华人民共和国成立后，正式以傣族作为族名。

>>>阅读指南

吴之清：《贝叶上的傣族文明——云南德宏南传上座部佛教社会考察研究》。巴蜀书社，2007 年 11 月。

刀承华、蔡荣男：《傣族文化史》。云南民族出版社，2005 年 6 月。

>>>寻踪觅迹

云南瑞丽市 傣族世居地之一，三面与缅甸山水相连、村寨相依，有世界上罕见的"一院两国、一井两国、一街两国、一桥两国"的独特人文景观和美丽的亚热带风光。

娜允古镇 在云南孟连县城内，被称为中国最后一个傣族古镇。始建于 1289 年，已有七百多年的历史，是傣汉合璧的建筑群。镇内的土司宣抚司署，是至今唯一幸存的傣族旧官邸建筑。

60. 雄狮般勇猛的景颇族

景颇族目瑙示栋

长刀和勇敢精神。柱上绘有蕨菜、大刀、正三角形等图案，象征吉祥、幸福、团结。

目瑙示栋是景颇族人最神圣的崇拜物。每年农历正月十五日至十七日，景颇族的传统节日目瑙纵歌节时，人们都要汇集到目瑙示栋周围开展活动。数百里山乡的男女老少身穿节日盛装，鸣枪放炮，从四面八方汇集到目瑙会场来。周围的傣、阿昌、德昂、布朗、汉等兄弟

在中国云南与缅甸毗邻的瑞丽、陇川、潞西等地城镇的广场中央，经常树立着一种叫"目瑙示栋"的牌柱。这种牌柱一般由四块数米高的木牌组成，上面用红、黑、白三色绘成不规则的螺旋形几何纹样，分为雌牌和雄牌。牌柱顶端绘有太阳和月亮，意为人类离不开太阳和月亮；第二和第三块示栋之间有刀和剑相连接，表示人的生产生活离不开

民族也来参加这一盛会。整个会场人山人海，大家相互祝贺节日，交换象征友谊的礼物，互敬象征民族团结的米酒，翩翩起舞，尽情欢乐。参加跳舞的人虽

>>> 小贴士

主要聚居地：云南德宏傣族景颇族自治州、怒江傈僳族自治州、耿马傣族佤族自治县。

人口：14.78 万。

然很多，但舞队变化有序，舞步刚健不乱，整个舞队似一条长龙在移动。所有的景颇人都像喝醉了香甜的米酒似的，保持着不懈的激情，边跳边舞，边舞边唱，通宵达旦，持续三天三夜。跳到第三天快散场时，舞者手持各种花束，负责做饭的拿起锅铲，管酒的抱起酒筒，也加入到队列中起舞，欢乐、热烈的气氛达到高潮。

在古代，大凡出征、凯旋、五谷丰登、婚丧嫁娶、喜迎嘉宾，景颇族都要举行目瑙纵歌这一敬祭鬼神的原始宗教活动，后来发展成为喜庆活动。

景颇族以刻苦耐劳、热情好客、骁勇威猛著称，他们有句家喻户晓的名言："要像狮子一样勇猛。"近代历史上，景颇族曾多次顽强抵抗外国侵略者对中国西南地区的入侵，为保卫祖国领土立下了功勋。1875年，在有名的马嘉里案中，景颇族人民截杀了窃取中国情报的帝国主义特务分子，狙击了英国军官布朗率领的侵略军。1898年，中英两国勘定陇川边界时，景颇族山官早乐东在人民群众的支持下，据理抗击，粉碎了帝国主义势力进一步侵占中国领土的野心。1910年，英国侵略军侵犯景颇族聚居的片马、古浪、岗房三地，景颇族和其他民族人民的强烈反抗，激起了云南全省的反英保界运动，迫使英政府承

目瑙纵歌的领舞者
他们身穿龙袍，头戴插有孔雀、野鸡翎毛和野猪牙齿的目瑙帽，手持长刀，领着队伍按照目瑙示栋上标示的花纹线路起舞。

景颇族女性
服饰的突出特点是头戴红帽，肩佩大银泡、银链等装饰品。

景颇族男子

认这三地是中国领土，这就是著名的
"江心坡事件"。抗日战争中，景颇族人
民积极参加游击队，使许多景颇聚居区
免遭日寇蹂躏，为守土抗战立下了功劳。

景颇族是古代南迁的氐羌人后裔。
在唐代汉文史籍中被记录为寻传蛮、高
黎贡人，元、明、清至近现代，有峨昌、
遮些、野人等称呼。景颇族有景颇、载
瓦、喇期（勒期）、浪峨（浪速）、波拉
五个支系和五种自称，并且都认同"文
崩"这一自称，意思是文化相同的人。
中华人民共和国成立后，经过民族识别，
景颇族五个族群统称为景颇族。

>>>阅读指南

《当代云南景颇族简史》。云南人民出
版社，2010年9月。

蔡雯：《景颇秘语》。云南人民出版
社，2012年6月。

>>>寻踪觅迹

云南陇川县 中国景颇族人口分布最
多的地区，每年农历正月初三至初五举行
目瑙纵歌，被称为"目瑙纵歌之乡"。

云南梁河县 景颇族浪速支系主要聚
居地，是景颇族传统乐器葫芦丝的发源
地，每年农历正月十五日至十六日为目瑙
纵歌节。

61. 以打刀闻名的阿昌族

一把长刀，不用时，可像腰带一样围系在腰间，需要时解下，刀立即自然伸直，这就是神奇的阿昌刀。

阿昌族的阿昌刀、保安族的保安腰刀、新疆维吾尔族的英吉沙小刀，号称中国三大少数民族刀。

相传，洪武二十一年（1388），明朝开国大将沐英率军来到今云南陇川县户撒和腊撒两个坝子屯田，军中有一部分人是专门制作兵器的，有较高的锻造技术。后来这些人逐渐融合于当地阿昌族中，制作刀、剑等兵器的先进技术随之传入阿昌族地区，经过长期的继承和发展，成就了具有阿昌族特色的刀具工艺。

因陇川县户撒一带是阿昌族的聚居地，所以阿昌刀又叫户撒刀，它是滇西

阿昌族银器和刀具

>>>小贴士

主要聚居地：云南陇川县户撒阿昌族乡、梁河县九保阿昌族乡、曩宋阿昌族乡。

人口：3.96万。

各族群众生产、生活的重要工具和防身御敌的武器。从明代开始，户撒地区就好比一座专门制作刀具的手工业加工厂，而且村寨之间分工细致，各寨都有自己的名牌产品。现在，阿昌族户撒刀锻制技艺已被列为国家非物质文化遗产保护品种。

阿昌人拜奘

阿昌族信奉小乘佛教，其寺庙也叫奘房。每年农历七月下旬瓜果丰收的时节，信徒们都要携带水果、大米等去寺庙里朝拜，叫作拜奘。

阿昌族是云南境内最早的土著民族之一，源于古代的氐羌，与彝语支各民族有共同的族源。从南北朝时期开始，阿昌族先民大部分迁移到澜沧江上游以西至伊洛瓦底江上游地带，只有极少部分仍留住在雅砻江与金沙江合流地带，唐代时被称为寻传蛮。

早期西迁的阿昌族先民，15世纪至16世纪时已部分定居于今云南保山境内和德宏自治州的陇川、梁河、盈江一带，少量分布在澜沧江以东的东泸水（今雅砻江）流域与魔些江（今金沙江）合流地带，即今四川盐边县至云南华坪、永胜县一带。元明时期，这一带的寻传部落开始被称为峨昌、莪（é）昌、阿昌等。

居住在不同地区的阿昌族有不同的自称，户撒地区的阿昌族自称为蒙撒、蒙撒掸、傣撒、衬撒，梁河地区的阿昌族则自称为汉撒、阿昌、峨昌。中华人民共和国成立后，根据本民族的意愿，统称为阿昌族。

在缅甸也有阿昌族，叫迈达族，人口有四万多。

>>>阅读指南

《阿昌族简史》。民族出版社，2008年8月。

郭愉：《阿昌族》。中国民族摄影艺术出版社，2007年11月。

>>>寻踪觅迹

户撒阿昌族乡　位于云南陇川县，居住着全国三分之一的阿昌族人，民族手工业发达，最为有名的是户撒刀和银器首饰。

62. 普洱茶的培育者之一——布朗族

西方许多民族以红玫瑰花赠送自己的意中人，生活在我国云南西双版纳密林中的布朗族人表达爱慕的方式则是赠送白花。当一个小伙子看中某个姑娘，便会采一束白桂花，托自己的姐妹或好友送给女方。如果姑娘对小伙子有意，就会邀请他晚上到家里来。夜幕降临，小伙子吹着葫芦丝登楼探访，姑娘家中的其他人则有意回避，让一对有情人在火塘边娓娓交谈。当双方定下终身后，姑娘就会把心上人送的白桂花绕成圈绑在发髻上，表示已有心上人了。

布朗族喜爱喝茶，也善于种茶。云南勐海县布朗族山区是普洱茶的主要产地之一。布朗族有一种独特的竹筒茶，香味浓郁，可储存数年不变味。布朗族妇女还喜欢把茶叶制成酸茶。

布朗族有许多关于茶叶的传说。著名的普洱茶的来历，在云南不同的民族中有不同的说法。基诺族传说普洱茶是三国时期蜀国丞相诸葛亮送给他们祖先的，而布朗族津津乐道的则是他们的茶祖叭岩冷的故事。传说叭岩冷不仅发现了茶，还娶了傣王的七公主，后来因为

布朗族茶祖叭岩冷塑像

这块种茶功德碑记载布朗族在公元695年就种茶了

当代布朗族

汉晋时称为濮，唐时称为朴子蛮，曾先后受南诏和大理国统治，元、明、清时期则称为浦人、蒲满、包满、濮曼。历史上汉族称布朗族为濮曼或蒲满，佤族称之为布恩，拉祜族称之为卡普，傣族称之为腊。

受到其他民族首领的忌妒被谋害。临死前，叭岩冷对族人说，留给你们金银财宝总会有用完的时候，就留下茶树吧，只要用勤劳的双手代代相传，它就是取之不尽的财宝！从此，布朗人就精心种茶，培育出驰名中外的普洱茶。今天布朗族聚居的巴达山上有一棵高达34米、树龄超过1700年的"茶树王"，就是布朗族地区作为普洱茶故乡的活见证。

布朗族先民在先秦时为百濮的一支，

布朗族的自称也不一致：居住在西双版纳的自称布朗，居住在澜沧文东乡的自称腊瓦，居住在镇康、景东的自称乌，居住在墨江、双江、云县的自称阿瓦。中华人民共和国成立后，经过民族识别，根据本民族的意愿，统一以布朗作为族称。

在与中国相邻的缅甸和老挝，也有布朗族居住。

>>>小贴士
主要聚居地：云南勐海县、临沧市、普洱市、保山市。
人口：11.96万。

>>>阅读指南
《布朗族简史》。民族出版社，2008年4月。
蔡红燕：《故园一脉——施甸县布朗族村寨和文化考察》。民族出版社，2008年12月。

>>>寻踪觅迹
布朗山 位于云南勐海县中缅边境上，是布朗族最主要的聚居地和古茶区。在连绵起伏的山岭中，散布着50多个村寨，聚居着1.6万多布朗族人和3000多哈尼族人。

景迈古茶山 普洱茶圣山之一，位于云南澜沧县惠民乡，有一万多亩千年古茶园，是当地傣族、布朗族人工种植茶叶的杰作。布朗族每年都会在山上举行祭祀茶祖的活动。

63. "茶的子孙" 德昂族

德昂山寨茶飘香，
茶叶是德昂族的命脉，
有德昂人的地方就有茶山，
神奇的《古歌》代代相传，
德昂人身上飘着茶叶的芳香。

这是德昂人世代传唱的一首古歌。

德昂族世代种茶。德昂人的日常生活和社会生活中，几乎事事、时时都离不开茶：宾客临门，煨茶相待；走亲访友和托媒求婚，以茶当见面礼；邀亲朋聚会，一小包扎有红十字线的茶叶就是请柬；与人产生矛盾，只要送一包茶，就可求得对方的谅解……

德昂族特别崇拜茶，自称是茶的子孙。德昂族的茶文化独具特色。酸茶是云南芒市三台山乡德昂族人一种独特的制茶工艺，其制作方法是：选择一处空地，挖一个深坑，用芭蕉叶铺垫、包裹鲜茶叶，放入坑内；盖上土，捂上一个星期左右；然后将茶叶取出，在太阳下晒两天，一边晒一边揉搓；再将茶叶包裹后放回土坑内，再捂上三天，最后取出晒干，就可以饮用了。初品这种酸茶时，一股腌菜的酸味扑鼻而来，略有不适，但细细一品，才知其妙无穷，闻着酸，入口后酸涩回甜，回味绵长，口留余香。

德昂族奘房
奘房是小乘佛教对寺庙的称呼，德昂族大部分人信仰小乘佛教。

酸茶具有清热解暑、清洁口腔的作用，是一种很好的保健饮品。

德昂族是中国西南边疆最古老的民族之一，是古代濮人的后裔。唐宋时被称为朴子、茫人，元明时被称为金齿、蒲人，清代史书称之为崩龙。崩龙是他称，来自傣语，最早出现在清乾隆年间，有两种截然相反的意思：一是"亲家"，二是"顺水逃走的人"。中华人民共和国成立后曾使用"崩龙"作为族称。

德昂族内部各支系自称有德昂、尼昂、纳昂、勒昂、奈昂等，主要分为布列（红德昂）、绕脉（黑德昂）、梁（花德昂）三大支系。他们愿意选择"德昂"作为族称，意为"居住在岩洞里的有道德的人"。1985年9月，根据本民族人民的意愿，崩龙族正式改名为德昂族。

德昂族也是一个跨国民族，在缅甸境内的人口估计超过70万。

德昂族独特的鱼尾钟

德昂族铜制槟榔盒

>>>阅读指南

《德昂族简史》。民族出版社，2008年10月。

王铁志：《德昂族经济发展与社会变迁》。民族出版社，2007年3月。

>>>小贴士

主要聚居地：云南德宏傣族景颇族自治州、临沧市、保山市。

人口：2.06万。

>>>寻踪觅迹

云南芒市三台山乡　中国唯一的德昂族乡，风光秀丽，是体味这个在远古驯化了茶树的族群生活的最佳地方。

64. 第56个被识别的民族——基诺族

1979年6月，国务院发布公告，确认基诺族为单一民族，这样，中国完成了第56个民族的识别，"56个民族56朵花"的格局形成。

基诺族居住在云南西双版纳莽莽热带雨林的基诺山中，特殊的环境形成了基诺族独特的饮食习惯。基诺族民间有句俗话叫"汉炒、傣蘸、基诺春"，意思就是说汉族菜喜欢炒着吃，傣族菜喜欢蘸着调料吃，基诺族菜则以臼春凉拌为主。

基诺族有吃凉拌茶的独特习俗。凉拌茶的做法是：将刚采收的鲜嫩茶叶揉软搓细，放在大碗中加上清泉水，投入柠檬叶、山八角、大蒜、辣椒、盐等配料拌匀，约过15分钟就可以吃了。季节不同，凉拌茶的配料也不同，烤（烧）熟舂细的鸟肉、螃蟹、蘑菇、甜笋以及新鲜的酸蚂蚁蛋等都可作为配料，种类繁多，奇味无穷。用这种凉拌茶配糯米饭，夏食消毒，冬食驱寒。

关于基诺族的族源，专家们进行了大量研究，但目前还没有一致的观点。一种观点从语言、文化等特征进行分析，认为基诺族属古代氏羌族系分支，是由中国西北迁徙来的；另一种观点从创世

雕塑：基诺族创世女神阿嫫腰北

太阳鼓

基诺族的重要法器，正面似一轮太阳，鼓身插有 17 根木管，象征太阳的光芒。基诺族崇拜太阳，基诺人的背心、背包上都绣有太阳图案。太阳鼓舞是基诺族最具代表性的舞蹈。

传说和基诺族给死者送魂路线等习俗，认为基诺族发祥于云南景洪市基诺乡洛特老寨境内的杰卓山。据傣文《泐（lè）

>>>小贴士
　　主要聚居地：云南景洪市基诺乡。
　　人口：2.31 万。

>>>阅读指南
　　刘强：《基诺族》。新疆美术摄影出版社、新疆电子音像出版社，2010 年 3 月。
　　唐晓春：《雾中的阿居——基诺族的亲属制度》。云南人民出版社，2009 年 4 月。

史》记载，元末明初，西双版纳傣族的一位贵族曾娶基诺女为妻，说明当时基诺族就已生活在西双版纳一带。

　　汉族中流传基诺族的祖先是三国时期诸葛亮南征队伍的一部分，途中歇息时他们与大部队走散，当历尽艰辛追上大部队时，却不再被收留，他们只好扎根基诺山。诸葛亮并没有不管他们，为了使他们能够过上好日子，给他们送来了优良的茶种，让他们以种茶为生，所以基诺山一直是重要的普洱茶产地之一。基诺族男童的传统服装背部刺绣有圆形的图案，据说是孔明的八卦。至今，基

基诺族老年人

基诺族女子独特的尖顶帽

诺族在祭神时仍要呼喊诸葛亮的名字，表示对诸葛亮的崇敬和怀念。傣族则传说基诺族是他们的祖先向北征战时丢落的士兵，因此有人把基诺族称为攸乐，即"丢落"的意思。汉族文献有关基诺族先民的记载始见于清代，当时就称之为攸乐。

基诺族聚居地周围都是傣族，历史上长期受傣族土司统治，语言文化受傣族影响较深，故傣语的借词很多，毗邻傣族地区的基诺族往往兼用傣语。还有一些基诺人信仰傣族的南传上座部佛教，并有请傣族有经验者帮助文身的习俗。

"基诺"是本民族的自称，意思是"跟在舅舅后边"，可以理解为"尊重舅舅的民族"。

>>>寻踪觅迹

基诺山 基诺族聚居地，位于云南景洪市，是普洱茶六大茶山之一，分布着40多个基诺族村寨，剽牛古俗、树叶信等原始民风民俗仍有踪可寻。每年2月6日至8日为基诺族传统的特懋克节。

65. 革除猎头习俗的佤族

1951年，中央民族访问团来到云南西盟阿佤山班洪地区访问，王连芳是访问团的成员。有一天，王连芳带领一个

木鼓和牛是佤族最重要的图腾

木鼓是佤族人心目中的通天神器，是佤寨的保护神。每个村寨都建有木鼓房供奉木鼓，拉木鼓、祭木鼓是佤族极为隆重、盛大的活动。剽牛、祭牛头、供奉牛头则是佤族对神灵表示虔诚的方式。

>>>小贴士

主要聚居地：云南沧源佤族自治县、西盟佤族自治县。

人口：中国42.97万，外国约310万。

班的解放军战士来到一个佤族寨子里。晚上，他们听到一阵哭声，就去打探究竟，得知第二天寨子里要砍人头祭祀谷神，哭的正是那个即将被砍头的少年。少年15岁左右，身体很壮，又黑又亮的眼睛里充满着惊恐与悲伤。

不能见死不救！王连芳一行找到寨子的头人，希望不要砍那个少年的头。头人坚决不同意，说这个人是花钱买来的。王连芳他们请求以两倍的价钱买下那个少年，救他一命，头人也不干，价钱再涨三四倍，头人还是不答应。

看见王连芳一行救人态度坚决，头人说："除非你们明天早上拿一个老虎头来换，否则我只能按时辰砍人头。"可哪有地方去弄老虎头呀！个别解放军战士情绪激动，希望王连芳下令让他们把那个少年抢过来，使他免遭砍头的厄运。但是，当时那一带的群众还不了解共产党和新中国，与阿佤山接壤的国外土匪十分猖獗，一旦动武，就会造成民族关系紧张甚至发生冲突，很可能会死更多的人。就这样，他们只好眼睁睁地看着那个少年被砍头。

历史上西盟佤族盛行猎人头祭谷的习俗，以祈求风调雨顺、人畜兴旺、粮

佤族妇女以长发为美，从小就开始留披肩长发，甩发舞是她们的自娱性舞蹈

食丰收。每到庄稼下种和收获季节，"猎头英雄"便埋伏在山路上，等到长着毛胡子的人路过，便一哄而上，手起刀落，人头落地。他们将"猎"到的人头塞进麻袋提回村寨，供奉在"人头桩"上。虽然因此引起的部落间、民族间的隔阂和仇恨一直笼罩着佤族人，但他们却固执地相信：只有用人头祭祀，大地才有收获；只有人血，才能使土地肥沃。

1952年，王连芳陪同西盟佤族头人岩坎来到北京，毛泽东主席请岩坎同桌吃饭。毛主席关切地问岩坎能不能用猴子的头来代替人头祭谷。岩坎回答："不行，猴子的魂会吃我们的苞谷。只有老虎才行，可老虎不好捉呀！"毛主席笑着说："到底行不行，还是由你们民族自

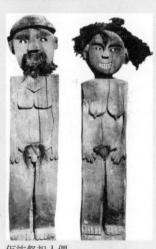

佤族祭祀人偶

>>>阅读指南

朱飞云、梁荔、刘军：《解密佤山》。云南美术出版社，2005 年 12 月。

段世琳：《佤族历史文化探秘》。云南大学出版社，2007 年 10 月。

佤族新米节

由农业祭祀活动发展而来，每年农历八月十四日前后持续三天。人们身着节日新装，聚集在村寨广场举行传统的剽牛祭祀、迎新谷、吃新米、斗牛、打猎、拉木鼓等活动，歌舞狂欢，通宵达旦。

己商量吧。"毛主席的话传到佤乡后，佤族上上下下都开始议论要不要废除猎头祭谷的习俗。

经过各级干部多年艰苦的开导，越来越多的佤族人开始感觉到猎头祭谷的危害。1958年，在佤乡一次讨论该不该废除猎头祭谷的会议上，佤族头人坚持猎头祭谷是老祖宗传下来的规矩，不能废除。"猎头英雄"也说："不砍人头祭谷，谷子长不好，由哪一个来负责？"这时，一个小伙子突然站起来大声高喊："我同意砍头！"大家的目光顿时都聚焦到小伙子的身上。小伙子接着说："要砍哪一个人的头都难，哪一个人都不愿意，那么只好先砍猎头英雄和头人的头，因为他们更懂得老祖宗的规矩，能够更好地为大家看守谷子，保证谷子获得好收

成。"小伙子的话赢得了众人的喝彩，却使"猎头英雄"和头人慌了神，只好赞同废除猎头祭谷的习俗。从此，流传了千百年的猎人头恶习终于依靠佤族人自己的力量革除了，其他民族对佤族的恐惧心理也逐渐消除。

其实，绝大部分佤族部落早就革除了砍人头祭谷的习惯，只有一小部分佤族部落到近现代还保留着这种在外人看来十分恐怖的习俗。

佤族先民在先秦时期属于百濮的一支，唐代被称为望蛮、望苴（jū）子、望外喻，明代称为古剌、哈剌，清初称为卡佤等。佤族内部分成不同的族群，自称也不统一，有阿佤、阿卧、阿佤尔、勒佤卧、勒佤、拉弗、布饶等。1963年，根据大部分佤族人的意愿，正式以佤族作为统一族称。

佤族是个跨国民族，东南亚各国都有佤族居住，缅甸、泰国、老挝有大量佤族，他们是在长期的历史过程中从世居地中国云南逐渐南迁的。

>>>寻踪觅迹

云南西盟佤族自治县　是世界佤文化中心和佤族遗产保护区，有"木鼓之乡"的美誉，每年4月10日至13日都举行中国佤族木鼓节系列活动。龙摩爷圣地是探究神秘的阿佤文化的首选之所。

66. 把梯田当作小伙子脸面的哈尼族

哈尼梯田

上面由错落有致、蔚为壮观的梯田组成的美丽画卷，是哈尼族的杰作。

哈尼族是最早驯化野生稻的民族之一，世代居住在起伏连绵的云南哀牢群山中。在高山峡谷异常艰苦的环境中，他们创造了"山有多高，水有多高"的令人叹为观止的梯田文化。在哈尼族聚居的云南红河地区，哈尼梯田绵延整个红河南岸的红河、元阳、绿春及金平等县，仅元阳县境内就有 17 万亩。根据山势地形的变化，哈尼人因地制宜开垦梯田，甚至连沟边、坎下、石隙也不放过。梯田大小不一，大的有数亩、十数亩，小的仅有簸箕大，往往一个山坡就有成百上千亩。满山的梯田层层叠叠，有数

>>>小贴士

主要聚居地：云南红河哈尼族彝族自治州、玉溪市、普洱市、西双版纳傣族自治州。

人口：166.09 万人。

清代绘画中的云南元江府窝泥蛮（哈尼族先民）

爱尼人

哈尼族的一个支系，主要居住在云南勐海县、澜沧县以及泰国、老挝、缅甸和越南等国的北部半山区，是一个跨境而居的国际性民族群体。

百级乃至上千级，气势磅礴。每一层都是一道精巧的涟漪，每一叠都是一片如鳞的波纹。初春，梯田里流水飞溅，恰似一条条从天而降的银链；三四月，层层梯田宛如一块块绿色壁毯；夏末初秋，稻谷成熟，金色的辉煌缀满山体，满山流光溢彩。哈尼梯田是一个充满活力的生态系统，是哈尼文化与大自然巧妙结合的不朽产物。

梯田已经成为哈尼族的标志性文化。哀牢山哈尼族有句俗话："梯田是小伙子的脸。"小伙子美不美，不是看相貌，而是要先看他造的田。要是他打埂、铲堤、犁田样样来得，自然会赢得姑娘的爱慕。姑娘们美不美，也不尽看模样，而要看她会不会在田里做活计。

哈尼族源于古代氐羌。据民间传说，哈尼族先民曾游牧于遥远的北方一个叫努玛阿美的地方。唐代，昆明人中出现了和蛮与和泥两个分支，这是历史上最早的哈尼族称。因频繁的战乱，哈尼先民被迫离开滇中腹地，南迁进居红河南岸的哀牢山。在这里，他们学会了开垦梯田，种植水稻，由游牧民族变成了稻作民族。后来，哈尼族的一部分还外迁到越南、缅甸、老挝、泰国等国。

汉文史籍中对哈尼族有和夷、和蛮、和泥、窝泥、阿泥、哈泥等称谓，

奕车人

哈尼族的一个支系，主要居住在云南红河州，其独特的服饰、宗教、婚恋等文化传统十分引人注目。

云南元阳县箐口村哈尼族儿童

分布在中国和东南亚地区的哈尼族又称阿卡。现在，哈尼族主要聚居在云南。哈尼族过去没有统一的族称，有哈尼、豪尼、和尼、雅尼、碧约、卡多、峨努等多种支系自称，其中以自称哈尼的人数最多。中华人民共和国成立后，以哈尼作为统一族称。

>>>阅读指南

王清华：《梯田文化论——哈尼族生态农业》。云南大学出版社，2011 年 7 月。
《哈尼族简史》。民族出版社，2008 年 4 月。

>>>寻踪觅迹

云南墨江哈尼族自治县　北回归线从县城中心穿过，被称为"太阳转身的地方"。境内生活着 1000 余对双胞胎，植物、果实的双胞孪生现象也十分突出，有"双胞胎之乡"的美称。每年 5 月都举行"国际双胞胎节暨哈尼太阳节"。

元阳梯田　红河哈尼梯田的核心区，到处都是壮观的梯田景色，有老虎嘴、多依树、坝达、猛品、金竹寨、龙树坝等主要景区和箐口村等哈尼族特色村寨。

67. 崇拜葫芦的拉祜族

葫芦是我们熟悉的一种植物。在云南澜沧拉祜族自治县的很多村落里，人们喜欢把葫芦籽钉在小孩的衣领上以保佑孩子平安生长；姑娘和少妇则喜欢在领口、袖口、筒裙边绣上葫芦花纹以示吉祥；小伙子常在三弦琴和赠给姑娘的信物

现代雕塑《葫芦妈祖》
讲述了拉祜族另一个创世故事：远古洪荒，拉祜族的祖公祖婆躲入葫芦得以生存，经祈祷上苍，得以怀孕，生出人类和万物……

上雕刻葫芦图案，表示爱情像葫芦花一样洁白、纯净，像葫芦一样实心忠诚；人们用葫芦装水酒、火药、储藏谷种；当地一年中最隆重的节日是葫芦节；他

们的唯一传统乐器芦笙也是用葫芦制作的……

关于葫芦笙的起源，流传着一个口头文学故事。从前，有一对拉祜族夫妻相亲相爱，他们生育了五个儿子，生活幸福美满。五个儿子都长大了，却好逸恶劳，夫妻俩非常生气，便把五个懒惰的儿子赶出家门，命令他们自谋生计。

过了若干年，年老的夫妻俩开始日夜想念儿子。他们每天跑到山头上，大

>>>小贴士
　　主要聚居地：云南澜沧拉祜族自治县、双江拉祜族佤族布朗族傣族自治县、孟连傣族拉祜族佤族自治县。缅甸、泰国、老挝、越南等国也有拉祜族。
　　中国人口：48.6万。

当代拉祜族

声呼唤五个儿子的名字，却毫无回音。老父亲想出一个主意，用五根竹管（象征五个儿子）插在葫芦里，做成葫芦笙，吹起来声音特别洪亮悠长。

五个儿子听到葫芦笙的声音，都感到非常奇怪，就去探个究竟。他们循着声音找来，找到父母的家！父母流着欢喜的泪水，向儿子们倾诉思念之情和做葫芦笙召唤他归来的原委，大家都感叹分离的痛苦和悲哀。儿子们保证今后要和父母生活在一起，勤奋劳动，共同创建幸福生活。破碎的家庭团圆了，从此一家人又过上了美好欢乐的生活，葫芦笙也因此成了拉祜族家庭团结和睦的神器。

拉祜族人都称自己是葫芦里诞生的民族，每年农历十月初十的葫芦节就是

拉祜族聚居地云南澜沧县城巨大的葫芦造型景观

>>>阅读指南

石春云主编：《从葫芦里出来的民族——拉祜族》。云南民族出版社，2009年3月。

《拉祜族史》。云南民族出版社，2003年1月。

为了纪念祖先的。

拉祜族是古氐羌遗裔。拉祜族先民生活在青海湖流域一带，约在春秋战国时期，举族迁入今云南，两汉时曾活动于滇东，后又迁居滇中，三国至唐代生活在今大理的巍山等地。唐朝时被称为锅锉蛮，这是拉祜族作为单一族体在古代文献中的最早记载。宋元时期，拉祜族先民不断向南迁徙，明代曾出现在今云南楚雄自治州和新平县境内，被称为果葱，清朝称之为倮黑。

清朝《古宗图记》中的苦聪人形象

清朝称苦聪人为"古宗"。20世纪50年代，苦聪人还处于原始社会末期，在与外界隔绝的原始密林中过着居无定所的迁徙生活，许多人没有衣服，靠兽皮、树叶和布条遮体，使用原始的方法擦竹取火。直到1960年，经过人民政府反复努力，苦聪人才全部走出密林定居。1987年8月，苦聪人被确定为拉祜族的一个支系。

拉祜族自称拉祜，他们称虎为"拉"，用火烤食为"祜"，这反映他们在早期历史上是一个狩猎民族。拉祜族内部分为拉祜纳、拉祜西和拉祜普，汉族分别称之为黑拉祜、黄拉祜和白拉祜。

1953年，根据本族人民的意愿，把族称定为拉祜，"拉"即大家拉起手来，代表团结，"祜"代表幸福。

>>>寻踪觅迹

云南澜沧拉祜族自治县 因东临澜沧江而得名，有浓郁的民族风情和迷人的亚热带风光。每年农历十月十五日至十七日是拉祜族最隆重的传统节日葫芦节，有盛大的群众性芦笙舞比赛等活动。

拉祜族女孩的挎包

68. 讲究以理服人的傈僳族

在现代社会，人们发生纠纷一般都是通过司法程序来解决，而生活在云南怒江一带的傈僳族一直到 20 世纪 50 年代，还是通过请头人或有威望的老人讲理的方式调解矛盾和纠纷。调解的方法是：双方当事人分别坐在两边，调解人坐在中间。当事人如果不善言辞，可以请代理人。在调解人的主持下，发生纠纷的双方交替陈述自己的道理，每讲完一个道理，调解人就在他旁边放一颗小石子计数。如果双方都能言善辩，一天讲不完，第二天再接着讲。在讲理的过程中，调解人要复述双方的理由，并且要一句不漏。双方当事人和调解人的发言往往都很精彩，因此调解过程往往是对族人进行习惯法教育的过程，很多人的逻辑思维能力和口才就是在这种场合中锻炼出来的。双方陈述和调解人复述完毕，就开始数石子，谁的石子少谁就输理，就得按照传统的办法赔偿。经过

云南维西县傈僳族村寨

云南玉龙县傈僳族芦笙舞

云南维西县叶枝镇傈僳族一直传承着传统的麻布服饰制作技术

调解，事情一般就能得到圆满解决。今天，这种调解方式在傈僳族民间还发挥着重要作用。

过去，因所穿麻布衣服的颜色不同，傈僳族被分为白傈僳、黑傈僳和花傈僳。无论哪一支，傈僳妇女的佩饰物中都离不开砗磲（chēqú）片——一种产于印度洋、西太平洋浅海中的贝壳。砗磲片在古代傈僳族社会是用来作为货币的，可以用来买猪、买粮食。人们要出门，就把砗磲片穿成串，戴在头上，或斜挎于肩上。由于

>>>小贴士

主要聚居地：云南怒江傈僳族自治州、维西傈僳族自治县。

人口：70.28万。

>>>阅读指南

徐冶：《怒江峡谷人家——傈僳族》。云南人民出版社、云南大学出版社，2003年12月。

司忠诚：《怒江傈僳族》。民族出版社，2004年1月。

阔时节

即新年，是傈僳族最隆重的传统节日。各村寨过节的时间各不相同，一般在农历十二月初五到第二年正月初十期间。

男人经常外出打猎，后来买东西的事情便专交妇女来做，斗转星移，海贝片便演变成了傈僳族妇女的装饰品。

傈僳族源于南迁的古氐羌人，与彝族同源。傈僳族名称最早见于唐代，属于当时的乌蛮集团，被称为栗粟、栗蛮等。汉族经常把傈僳族写成力苏、力些、力梭、黎苏、俚苏等。

唐宋时期，傈僳族先民分布在今川、滇两省的雅砻江、金沙江、澜沧江两岸等广阔地带，元明时多受丽江地区纳西族封建领主的统治。16世纪中叶，因不堪纳西族木氏土司的奴役和战争的威胁，大批傈僳族人在头人的率领下，向滇西北怒江等地区迁徙。17世纪至19世纪，傈僳族人在反抗压迫的起义失败后又曾多次迁徙，一部分进入缅甸，还有一部分迁到老挝、泰国等，成为跨国而居的民族。

>>>寻踪觅迹

云南怒江傈僳族自治州 傈僳族主要聚居地。地貌景观独特，是生物多样性和文化多样性富集的地区，有"东方大峡谷"、"物种基因库"、"社会发展活化石"等众多称誉。

69. 弹四弦琴的普米族

在普米山村，无论是田间地头，还是一幢幢木楞房里，常常能听到纯朴、悠扬的四弦琴声。四弦琴是普米族的传统乐器，游子归乡、家人团聚、朋友重逢，普米人都要用四弦琴来抒发感情。小伙子向姑娘传情示爱，更是少不了四弦琴。

关于四弦琴的来历，在普米族中流传着一个感人的故事。相传很久以前，有一个名叫阿布的小伙子爱上了美丽的姑娘阿乃，尽管他苦苦追求，姑娘却不为所动。阿布十分忧伤，于是砍来一根木头，将一端刻成人头形状，用羊皮蒙住"脸"，又把另一端削成人身形状，再用四根麻线绷在木头上，做成了四弦琴。阿布整天忧郁地弹着琴，抒发对姑娘的爱，舒解心中的苦闷。美妙的琴声回响在普米山寨，日复一日，阿乃终于被阿布的真诚打动了。从此，"四弦"便成了普米人吉祥幸福的象征。

普米族源于青藏高原的古羌人。元朝初年，一部分普米族先民被征召进入元军队伍中，随元世祖忽必烈远征云南，并在云南落地生根，从此结束逐水草迁徙的游牧状态，开始了以农耕

普米族四弦羊头琴（局部）

普米族青年女子

普米族老人

木耳、香菇等野生菌类以及茯苓、虫草、贝母、天麻等药材，都是普米人的收入来源。普米族的水神是龙，他们认为龙不仅居住在河流、湖泊中，还居住在山林中。没有林子，龙就走了，水也就没有了。因此，在所有的普米族聚居地，都供奉着山神和树神。

汉族和白族称普米族为西番，这个称呼从宋代出现后一直沿用到中华人民共和国成立。普米族自称普日米或普美米，"普"意为白，"米"意为人，即"白人"之意。1960 年，普米族被确认为单一民族，并以普米作为统一族称。

为主的生活。明清之后，又有普米族陆续迁入，逐步发展为单一民族。几百年过去了，一代代普米人始终怀念着北方。时至今日，他们的生活习俗和民族文化中，仍然留有远古游牧民族的遗风。

滇西北森林茂密，多样性的生物群落给普米人提供了良好的生存发展环境。普米人几乎所有的生活用品都来源于山林，他们住木楞房，食品除了自己种的苦荞、青稞，就是林子里的蘑菇、果子等山货。市场价格昂贵的羊肚菌、松茸、

>>>阅读指南
豆晓荣：《普米族》。新疆美术摄影出版社、新疆电子音像出版社，2010 年 3 月。
和向东：《中国普米族》。宁夏人民出版社，2012 年 5 月。

>>>寻踪觅迹
云南兰坪县 居住有白族、普米族等14 个少数民族，独具特色的各民族文化、服饰、民居、节日、风情、习俗等绚丽多彩。通甸乡德胜村的情人坝是每年端午节普米族青年男女欢聚和谈情说爱的地方，现已开辟为旅游景区。

>>>小贴士
主要聚居地：云南兰坪白族普米族自治县、宁蒗彝族自治县。
人口：4.29 万。

70. 住在怒江大峡谷中的怒族

在滇西北高黎贡山和碧罗雪山之间，奔腾着著名的怒江，昼夜不息的江流撞击出闻名世界的怒江大峡谷。河谷两岸山岭海拔都在 3000 米以上，山高谷深，地势险峻，气候立体变化显著，从河谷到山顶，依次为亚热带、暖温带、寒温带、亚寒带和寒带，正所谓"一山有四季，十里不同天，万物在一山"。

怒族是生活在怒江大峡谷中的最古老居民，他们也是古代氐羌的后裔，与彝族等有同源关系。明朝初年，汉族书籍中首次出现"怒人"的专称。此后，专指怒族先民的怒人、怒子、弩人等名称就基本固定下来。

怒族主要由自称怒苏（诺苏）、若

>>>小贴士
主要聚居地：云南怒江傈僳族自治州。
人口：3.75 万。

怒江大峡谷中的怒族家园

柔、阿龙、阿侬的四个支系组成。中华人民共和国成立后，根据本族人民的意愿，统一定名为怒族。"怒"字表面上给人一种粗犷、愤怒的感觉，但在怒语里却是"温柔"的意思。怒族人民宽厚仁慈，是一个有礼貌的民族。

怒族四个支系之间语言差异较大，不能互通，其中的阿龙语和独龙族语言相通。由于长期与傈僳族相处，怒族人普遍会说傈僳语。

怒族至今普遍的民居仍然是传统的干栏式建筑，多依山而建，架在斜坡地上的许多木桩和房柱，如同千百只脚一样支撑着整个房屋，人们称之为"千脚落地屋"。

由于居住在深山峡谷中，怒族的经济、社会发展比较缓慢，在中华人民共和国成立之前，仍是一幅远古人类的生活图景：以花木枯荣为时序，靠结绳刻木传递信息，刀耕火种……现在，怒族的面貌正在发生根本的变化。

当代怒族人

>>>阅读指南
《怒族简史》。民族出版社，2008年4月。
《怒族社会历史调查》。民族出版社，2009年6月。

>>>寻踪觅迹
怒江大峡谷　主体部分位于云南怒江自治州境内，两岸多民族杂居，多种宗教并存，绝美、神奇的自然景观和丰富、奇特的民族风情相结合，旷世少有。

71. 独龙江畔独龙族

身披独龙毯的独龙人
以条纹图案为主要特征的独龙毯用五彩线手工织成，既是独龙人必不可少的服饰，也是他们睡觉时的铺盖。

1952年2月，周恩来总理在接见全国少数民族代表时，久久地握着来自高黎贡山之西的独龙人代表孔志清的手不放，这让一个人口很少的民族代表感受到了祖国大家庭的温暖，感受到了共产党和人民政府对独龙人的关怀。当周总理听到孔志清说历代反动统治阶级称独龙人为俅（qiú）人、俅俍，实际上是把他们当野人看时，总理的眉头紧锁。周总理关切地问孔志清："那你们自己是怎么称呼的?"孔志清说："我们世世代代都居住在独龙江畔，自称独龙人。"周总理笑了，说道："你们就叫独龙族好了。"

独龙族先民与古代氐羌族群有关，后经过不断迁徙、演变、融合和分化，形成了独龙族。古代汉文书籍称之为撬（qiào）、俅、俅人、俅子、洛、曲洛等。由于历史上统治阶级的歧视，加上交通不便等原因，独龙族与外界处于半隔绝的封闭状态，经济与社会发展一直比较缓慢，保留着较浓厚的原始社会末期特

>>>小贴士
主要聚居地：云南贡山独龙族怒族自治县，缅甸。
人口：0.69万。

与大自然融为一体的独龙族传统民居

征。1957年，云南少数民族社会历史调查组到独龙族进行社会历史调查，发现他们还使用非常简陋的生产工具，木器、石器和铁器并用，而且整个民族只找到三把小铁锄。当时独龙族两千多人，分为15个父系氏族，保留有"主妇分食"、"主妇管仓"等母系社会的遗风，没有文字，以刻木牌的方式记事，整个民族只有两个人懂得汉语，算是见过世面的人。

有一次，云南省少数民族参观团的独龙族代表、贡山县县长孔志清来到昆明，云南省民委干部王连芳约他晤谈。王连芳按照平时的交谈习惯，开门见山问孔志清："听说你们生活很苦，有许多原始社会的风俗习惯？"这种问话方式让孔志清很不高兴，他说："我们苦是苦，可什么是原始社会？你先给我讲一讲。"

王连芳就说："你看昆明有很多很高的楼房，但独龙族住的却是低矮简陋的房子；外面的人这么多，独龙族兄弟人很少。"孔志清对王连芳列举的这些却不以为然。他说："昆明汉人房子高，比我们的山崖高吗？他们人多，比我们的大树多吗？我们森林中有飞禽走兽，野牛、岩羊、马鹿、雪豹、狗熊等等多得很。想吃野鸡，随时出去都可以打一只回来，昆明人行吗？"

王连芳又说："有人说独龙族兄弟至今不太会做买卖。"孔志清更是鄙夷，说："会做买卖有什么好？心眼多，狡猾得很，赚我们的黑心钱。他们中有的人还会偷别人的东西呢！"

>>>阅读指南

高志英：《独龙族社会文化与观念嬗变研究》。云南人民出版社，2009年8月。

《独龙族简史》。民族出版社，2008年12月。

独龙人过节

孔志清自豪地说："我们独龙人只打洋人、土司，自己人内部各家族和和气气，从来不打架，有困难还互相帮忙。外出打猎或到贡山买盐巴，沿途在岩洞和树上挂放粮食，绝对没有人偷，即使别人饿了吃掉一点，也会插上草标表示感谢。外人到独龙人家，不管是否相识，都可以进去找吃的。如果主人不在家，等主人回来跟他说一声就可以了。"孔志清诚恳地表示："共产党好，人民政府好，给我们布匹、盐巴，给耕牛和生产工具，帮助我们发展生产，各级干部也很尊重我们。"

独龙族主要分布在云南西北部的独龙江峡谷两岸，这里一年中三分之二的时间大雪封山，与外界完全隔离，必须翻越海拔5000米的高黎贡山才能与外界取得联系。1999年以前，进入独龙江大峡谷的唯一办法就是徒步翻越崇山峻岭，输送物资全靠一队队马帮。1999年，投资一亿多元的贡（山）独（龙江）公路通车了，虽然每年长达七个月的大雪封山期间不能通车，但它终于让独龙江乡有了与外界联系的另一条通道。

>>>寻踪觅迹

独龙江 位于云南西北部，是"三江并流"核心区之一。峡谷中保留着完好的原始生态面貌，风光秀丽，人文景观独特。

72. 住在喜马拉雅山中的门巴族

1696年，清朝康熙皇帝在平定蒙古准噶尔部的叛乱中，偶然从俘获的藏族俘虏口中得知五世达赖喇嘛已圆寂多年的消息。当时掌管西藏政务的第巴——桑结嘉措妄图专权，欺骗了广大僧众和清朝中央政府，封锁五世达赖圆寂的消息整整15年。对此，康熙帝十分愤怒，致书严厉责问桑结嘉措，并打算派重兵威逼。桑结嘉措对康熙帝的谴责感到恐惧，一方面写信向康熙承认错误，同时派人找了一个15岁的少年作为五世达赖的转世灵童，这个少年就是六世达赖仓央嘉措。六世达赖无意做西藏的政教首领，却是个文学天才，是西藏历史上著名的浪漫诗人，《仓央嘉措情歌集》在海内外享有盛名，20世纪30年代就已有藏、汉、英三种文字对照本传世。

六世达赖不是藏族，而是西藏南部一对门巴族农奴夫妇的后代。据藏文记载，门巴族的先民很早就在西藏南部的喜马拉雅山区繁衍生息，与藏、珞巴等民族共同开发祖国的西南边疆。门巴族是由当地土著与来自于西藏高原北部的群体互相融合形成的。门巴族有自己的语言，但由于长期与藏族生活在一起，互相通婚，受藏族影响很深，许多门巴人通藏语和藏文。门巴族像藏族一样信奉藏传佛教，和藏族一样以一种手工生产的羊毛织品氆氇（pǔlu）为主要衣料，同样吃糌粑、喝油茶与青稞酒、用藏历，节日也与藏族相同，可以说是一个与藏族水乳交融的民族。

门巴族吊桥

>>>阅读指南

张保贤：《门巴族》。外语教学与研究出版社，2011年7月。

王骞主编：《门巴族》。新疆美术摄影出版社、新疆电子音像出版社，2010年3月。

门巴族过望果节

望果节流行于西藏农区，是藏、门巴等民族祈祷丰收的节日，没有固定日子，一般在青稞和小麦等谷物成熟之际举行。

公元 823 年立于拉萨大昭寺前的那块著名的唐蕃会盟碑上就有关于门巴族的记载，那时门巴人是吐蕃王朝的属民。"门巴"原是藏族对门巴人的称呼，后来也成为门巴族的自称，意思是"居住在门隅的人"。"门隅"是藏语，意思是隐藏着的一块美丽的处女地，指雅鲁藏布江下游今西藏隆子县、错那县以南的平原区。这里地处喜马拉雅山脉南麓，奔腾的雅鲁藏布江在林芝、墨脱一带急转

>>>小贴士

主要聚居地：西藏错那县以南的门隅地区、墨脱县、林芝县、错那县。

中国实际控制地区人口：1.06 万。

南下，形成肥沃的河谷地带，气候温和，雨量丰富，四季常青，被誉为"青藏高原上的江南"。

门巴族世代以农业为主，种植水稻、玉米、鸡爪谷、小麦和青稞等，兼营牧业。门巴族生活的地方有丰富的竹木资源，他们特别擅长竹篾藤条的编织工艺。木碗别具一格，门隅北端的麻玛村就是著名的"木碗之乡"。木碗用质地坚硬的桐树、桑树或桦树的树干、树节或树疙瘩做原料，经过切、削、刮制成，不变形、不褪色、不易碎，用它盛酒或酥油茶，还有一股特有的香味。精细的木碗要经过五六道工序，纹路清晰，厚薄均匀，再涂上鲜红的染料，令人爱不释手。

由于被高山阻隔，进入门巴族聚居区的道路十分艰险，过去外界很少知道这里的真实状况，历史上被视为神秘的地方。

当代门巴人

门巴人放干粮的饭盒
门巴族生活的地方竹木资源丰富，他们特别擅长编制竹藤器和制作木碗。

门隅地区是门巴族的发祥地和主要聚居地，19世纪中叶，部分门巴族因不堪西藏封建农奴制度的压迫与剥削，东迁至今墨脱县，使墨脱县成为门巴族的主要聚居地之一。现在的门巴族大约有五万人，大多数居住在被印度非法占领的门隅地区的德让宗、达旺和都登等地。

早在松赞干布时代，吐蕃王朝的疆界就包括门隅地区，元朝时错那以南的门隅作为西藏的一部分纳入中国版图。此后，西藏地方政府陆续按照西藏的行政区划制度，把门隅地区划分为32个"措"或"定"（相当于乡），同时把墨脱划分为5个措。在"措"或"定"的基础上，设有江噶尔、森格、德让和达隆四个"宗"。

19世纪到20世纪初，英国侵略者不断侵犯中国西南边疆，1914年炮制了非法的"麦克马洪线"，侵占了门隅、珞瑜和察隅等地约9万平方千米的中国领土。1963年，印度侵占了"麦克马洪线"以南约9万平方千米的藏南地区。现在，门巴族居住的大部分地区仍为印度控制，印度在此地成立阿鲁纳恰尔邦。

>>>寻踪觅迹
西藏墨脱县 我国控制区内的门巴族主要聚居于此。境内有著名的雅鲁藏布大峡谷主体段和雅鲁藏布江大拐弯，有美丽的原始生态。

73. 雅鲁藏布大峡谷中的珞巴族

当代珞巴族

"珞巴人也卖牲畜？这可是新鲜事！"当西藏米林县南伊珞巴族乡才召村的达吉家一次性卖了两头牛和三头猪后，远在400千米外的拉萨人感到惊奇。卖猪卖牛这种中国农村再平常不过的事情，在21世纪初的珞巴族村子里却是破天荒的。

有史以来，珞巴族人家的牛、猪、鸡等畜禽都是专门养来祭祀用的，从没有出售的概念。珞巴人崇拜鬼神，凡遇大病小灾、婚丧嫁娶、出行打猎、盖房种地等，都必须请巫师占卜，杀牲祭祀鬼神，以祈求平安。占卜时，首先杀鸡，根据鸡肝脏的纹路来释疑，再宰杀大牲畜敬神免灾。因鸡肝颜色和纹路各有差异，释疑往往要同时看三四只鸡肝，才能判断所要敬奉的是哪一位神灵和需要宰杀的牛、猪数量。杀猪宰牛后，还要仔细察看它们的肝脏，根据肝脏的纹路判断神灵是否满

>>>阅读指南

《珞巴族简史》。民族出版社，2009年5月。

《珞巴族社会历史调查》。民族出版社，2009年5月。

珞巴人的新居

意。如果认为神灵不满意，还要继续杀鸡占卜、杀牲敬献，直到神灵满意为止。因此，一次祭祀活动要杀不少畜禽，有的人家杀光了自家的畜禽，或认为自家牲畜的毛色、相貌不吉利，还要向别人借或用物品换。

根据珞巴族的习俗，祭祀结束后，主人必须用所宰杀的畜禽肉在家里大宴全村男女老少，假如还有剩余也要全部无偿分给村人，有的人甚至因一次祭祀而倾家荡产。因此，虽然珞巴族家家都养有不少畜禽，但却不是富有的标志。随着时代的变迁，珞巴人的观念也发生了巨大变化，以前专为祭祀而养的畜禽如今开始走向市场。

珞巴族自古就分布在西藏东南部中国和印度边界雅鲁藏布江大拐弯处以西地区的河谷地带，居住分散。这里是世界第一大峡谷——雅鲁藏布大峡谷的核心地带，山高林密，地形复杂，气候多变，但峡谷地带雨量充沛，土地肥沃，物产丰富。20 世纪 50 年代以前，由于交通不便，珞巴族很少与外部接触，社会处于封闭状态，还以刻木、结绳记事，只有极少数人通晓藏语和藏文。

中华人民共和国成立后，珞巴族一步跨入了社会主义社会，又经过 60 多年的发展，终于过上了现代生活。珞巴族社会的这一变迁，相当于人类社会两千年的发展。如今，珞巴族依然保持古朴的民风，家家户户在房前或屋后建一个高脚粮仓，离地一人高，搭一个活动竹梯，全家的贵重物品都放在里面，不上

>>>小贴士

主要聚居地：西藏墨脱县达木珞巴民族乡、米林县南伊珞巴民族乡。

人口：0.37 万。

雅鲁藏布大峡谷中珞巴族和门巴族特有的藤网吊桥

锁也不会丢失。

从 20 世纪 50 年代开始，中央政府和西藏自治区就开始修建通往珞巴族聚居区墨脱县的公路，然而由于这一地区地质结构和气候都异常复杂，工程几次上马又几次下马。1993 年曾修成一条简易的公路，当两辆大卡车和两辆小轿车翻越高山峡谷，缓缓驶进墨脱县时，全县人民像过节一样前来观看这些陌生的会跑的"怪物"。由于塌方、洪水、泥石流、雪崩等四季不断，简易公路一直不能正常通行。2013 年 10 月，经过建设者 4 年的艰苦奋战，总投资达 16 亿元的墨脱公路正式通车，新公路在无重大自然灾害发生的前提下，全年通车时间可达 8 个月至 10 个月，珞巴族聚居地墨脱终于摆脱了"全国唯一不通公路"的"高原孤岛"之称。

据估计，目前珞巴族总人口约 60 万，其中居住在中国实际控制区内的仅有 3000 余人，其余大部分住在印度占领区。珞巴族内部分为博嘎尔、坚波、崩尾、崩如等 20 多个部落，各地方言差别大，没有本民族文字。20 世纪 60 年代以前，本民族没有统一的族称，而是以部落名自称或彼此相称，"珞巴"是藏族对他们的称呼，意为"南方人"，1965年正式成为族称。

>>>寻踪觅迹

西藏墨脱县　著名的雅鲁藏布大峡谷主体段和雅鲁藏布江大拐弯都在该县境内。每年大雪封山的九个月内基本与世隔绝，被称为"高原孤岛"，因而保持了美丽的原始生态。珞巴族是其原住民，有达木珞巴民族乡。

74. 神秘东巴文化的创造者纳西族

东巴文

被誉为世界上唯一活着的象形文字。用这种文字书写的东巴经文典籍，多达两万多卷，堪称纳西族古代社会的百科全书。

在云南的丽江，至今还在使用一种世界上罕见的象形文字——东巴文。它是一种图画象形文字，古文字学家说它属于文字起源的早期形态，是研究文字起源和发展的活化石。

东巴象形文字有 2200 多个，有较浓厚的图画文字特点，线条流畅，色彩鲜艳，以一字象一物、一事或一意。过去这种文字只有东巴即纳西族的祭司掌握，一般人并不认识。东巴文与东巴经、东巴画、东巴舞蹈、东巴音乐一起，构成了一个完整的颇具神秘色彩的东巴文化体系，引发众多中外学者强烈的探索欲望。

古老而神秘的东巴文化的创造者是纳西族。纳西族源于南迁的古氐羌人的一个支系。秦汉至魏晋时期，纳西族已迁徙至大渡河、雅砻江流域，以游牧、畜牧为主。从三国时期到唐初的数百年间，部分纳西先民沿雅砻江南下，逐渐聚集于今云南丽江地区。唐代磨些部落曾有一部分渡过金沙江，向南进入洱海东部今云南宾川县一带并建立了越析诏（又称磨些诏），后为南诏所灭，纳西族

>>>小贴士

主要聚居地：云南玉龙纳西族自治县、香格里拉县、维西县、永胜县、宁蒗彝族自治县，四川盐源县、木里藏族自治县。

人口：32.63 万。

>>>阅读指南

《纳西族简史》。民族出版社，2008年 8 月。

杨福泉：《纳西古王国的东巴教》。四川文艺出版社，2007 年 3 月。

东巴画是纳西族古老的绘画艺术，因绘制者和使用者多为东巴经师而得名

东巴神路图《大鹏揪孽龙》

神路图是东巴教用于丧葬和超度亡灵仪式中的
一种长卷绘画。

先民南下的步伐也由此而止。

纳西族先民在汉代被称为牦牛夷，
晋代史籍中称之为摩沙夷、磨些，意为
牧牛人。唐朝后的汉文古籍称之为摩沙、
么些、末些、摩梭、摩娑、磨些等。

纳西族的自称因居住地区不同而略
有差别，自称纳西的占纳西族总人口的
80%以上，聚集地东部地区的人多自称
纳汝，还有部分地区自称纳恒、纳。
"纳"是大、尊贵的意思，"西"、"汝"、
"恒"都有人、族的意思。1954年，根据
本民族意愿，正式定族称为纳西族。

>>>寻踪觅迹

白水台　位于云南香格里拉县三坝乡
白地村，由碳酸钙白色沉积物造就出层层
梯田般的美景。这里是纳西族东巴教的发
祥地，每年二月初八"朝白水"活动，纳
西族都在此祭天、祭祖、祭祀各种神灵。

丽江壁画　分布在云南丽江的白沙、
束河等乡村的十几处庙宇中，明清时期由
纳西、藏、白、汉等民族画师陆续绘制而
成，融汉、藏、纳西文化为一体，众教合
一，具有鲜明的民族特色和地方色彩。

75. 三千年族称不变的羌族

羌族雕楼

　　2008年5月12日，羌族聚居区四川汶川一带发生里氏8.0级大地震，顷刻间，山崩地裂，房倒屋塌，人员伤亡惨重，羌族人口损失将近10%。可是，茂县黑虎羌寨和理县桃坪羌寨的古雕楼，经历1933年的7.5级大地震、1976年的7.2级大地震和此次特大地震，仍然屹立不倒，那顶天立地的雄浑大气丝毫没有磨灭！

　　碉楼是羌族先民的杰作。它们并不是一个个孤立地存在着，而是整个寨子

形成一个整体。碉楼依山势而建，错落有致地分布在寨子的各个角落，与周围的自然环境浑然一体。据说古时候谁家有了男孩，就必须建一座家碉，男孩每长一岁就增修一层，直到男孩长到16岁，碉楼才封顶。谁家如果没有碉楼，

>>>小贴士
　　主要聚居地：四川北川羌族自治县、茂县、汶川县、理县。
　　人口：30.96万。

儿子连媳妇都娶不上呢！

羌族是中国最古老的民族之一。甲骨文的记载表明，他们最早生活在大西北，也就是现在的内蒙古、宁夏、甘肃等地，是一个牧羊的古老民族。羌人在殷商时期的历史舞台上就已经十分活跃，当时商族人经常俘虏羌人当奴隶，但在商王朝中却也有羌人的首领做官。周武王时以周人为主，联合羌、蜀、卢等部族组成军事联盟，推翻了暴虐的商纣王朝。在秦朝征服西北少数民族时，羌族也未能幸免，但他们不愿受制于秦，于是扶老携幼，集体逃离了祖祖辈辈生活的家园。岁月沧桑，逃难到四方的羌人渐渐融合于各地汉族和其他少数民族之中，唯有向南迁移到现在的岷江河谷地带的这一支，形成了今天的羌族，并且从游牧民族变成了河谷地带半农半牧的定居民族。

只要你遥望羌族村寨，就会发现他们的屋顶边沿都立着一块块白石，这是羌族供奉的神灵，也是迁居新家园后羌

甲骨文"羌"字及其变形体

族形成的一种新习俗。相传羌人从西北高原来到岷江上游，看到这里山清水秀、土地肥沃，就决定定居下来，但当地土著居民戈基人不愿意，激烈的冲突导致远道而来的羌人屡战屡败。在面临灭族绝后的危急关头，所有的羌人都在同一天夜里做了一个同样的梦，梦中一位老人告诉他们，用鸡、狗的鲜血淋红白石头，用来打戈基人，戈基人必败。第二天，他们照着梦中老人的指点做了，戈基人果然头破血流、一败涂地。从此，羌人就在岷江上游扎下了根，安居乐业，繁衍生息，他们把白石当作神灵供奉起来，这一习俗一直传承到今天。这虽然是个传说，但正好可以验证羌族远途迁徙的历史真实性。

羌族定居的岷江上游地区处于"西南民族走廊"，往返迁徙的民族很多，他们不仅受到野兽和严寒的威胁，更不断

>>>阅读指南

王明珂：《羌在汉藏之间——川西羌族的历史人类学研究》。中华书局，2008年5月。

陈蜀玉：《羌族文化》。西南交通大学出版社，2008年5月。

喝咂酒

羌族独特的饮酒方式。酒以青稞、大麦、玉米酿成，封于坛中，饮时启封，注入开水，插上竹管，众人轮流吸吮，边饮边加清水，直至味淡。

是古羌文化的典型代表，是羌人留给中华民族的一份宝贵的物质和精神财富。

当然，羌作为中国古代民族名称，与当代羌族并不完全等同。羌原是古代汉人对居住在祖国西部、西北部游牧民族的泛称。古代羌人并不是单一的民族，自公元前4世纪末到宋代，中国西部、西北部有众多的土著部落，都统称为羌。"羌"这一称谓从汉代一直沿袭至今。

现居四川茂县的羌族自称日麦，茂县赤不苏地区的羌族自称日玛，理县的羌族自称玛。"日"是词头辅音，无特殊意义。中华人民共和国成立初期，经过民族识别，以"羌"作为统一族称。

受到战争的侵扰。古代长时间的频繁战争，民族间、村寨部落间的争斗，以及土匪、盗贼的骚扰，迫使羌族人把村寨都建在易守难攻的高山山腰的险峻处。特别是唐代，中原王朝与吐蕃王朝在岷江上游流域展开了旷日持久的拉锯战，一个个战时可御敌、战后可安居的碉楼便应运而生。每个羌族村寨都修建有或大或小的碉楼，有的单独修建，有的与住房相连，有的全寨碉楼和民居户户相连、家家相通，粮仓、草房及生活设施一应俱全，有非常完备的供水系统和排污水槽，内部纵横交错的通道网络，将整个寨子连成一个整体。即使攻兵围寨一年半载，寨内居民照样能自在地生活。其构思之精巧，设计之周到，让人叹为观止。碉楼是羌族历史发展的见证，也

>>>寻踪觅迹

四川北川县 中国唯一的羌族自治县。2008年"5·12"汶川大地震使这里遭受重大损失，但羌族文化依然在延续。

四川理县 羌族聚居区之一。境内桃坪羌寨始建于西汉时期（前111），两千多年来经受了三次7.2级以上大地震和上千次余震，依然凌空屹立，有"东方古堡"之称。

76. 由奴隶变为主人的彝族

1956年9月，在中国共产党第八次全国代表大会上，彝族代表伍精华以《从奴隶社会向社会主义社会飞跃》为题，对凉山社会的大变革进行了介绍。全体代表长时间热烈鼓掌，祝贺彝族人民跨越时代的伟大进步。

伍精华的发言之所以会有如此反响，是因为凉山的民主改革意味着中国最后一个保存完整的奴隶制度被彻底摧毁。此前，中国最大的彝族聚居区凉山一直还处于奴隶制社会阶段，只占人口7%的奴隶主阶级——"兹莫"和"诺合"，统

四川凉山彝族火把节

火把节是彝族的传统节日，大多在农历六月二十四日举行，节期三天，有的地方还要举行已延续上千年的选美活动。如今，火把节已演变成荟萃彝族民间体育、文化和民风民俗的盛大集会。

彝族支系众多，服装更是异彩纷呈

治着占人口 93％ 的自由民——"曲诺"和奴隶阶级——"嘎加"和"嘎西"。奴隶们世世代代为奴隶主所有，没有人身自由，任由奴隶主奴役、配婚、抵押、买卖，甚至残杀。民主改革的完成，标志着凉山彝族人民挣脱了奴隶制枷锁，"一步跨千年"，迈入社会主义阶段。

彝族是一个分布广泛、内部支系繁多的民族，主要生活在云贵高原和青藏高原东南部边缘地带的高山河谷间，大凉山、小凉山、哀牢山、乌蒙山是他们的主要聚居区。由于各地彝族在语言、习俗等方面存在差异，自称和他称有百余种，中华人民共和国成立后才统称为彝族。

关于彝族的族源，迄今众说纷纭，尚无定论，有外来说、土著说等。外来说又分东来说、南来说、西来说、北来说等，土著说又分西南土著说和云南土著说。西南土著说认为彝族自古以来就

>>>小贴士

主要聚居地：四川凉山彝族自治州，云南楚雄彝族自治州、红河哈尼族彝族自治州，贵州毕节市、六盘水市。

人口：871.44 万。

>>>阅读指南

李绍明、冯敏：《彝族》。民族出版社，2005 年 1 月。

白兴发：《彝族传统禁忌文化研究》。云南大学出版社，2006 年 5 月。

鹰爪杯是彝族特有的漆器

彝族人将鹰视为神的化身，也是身份与地位的象征。

彝族银斗笠

银器是彝族的传统佩饰。四川凉山彝族奴隶社会博物馆藏。

>>>寻踪觅迹

　　四川凉山彝族自治州　中国最大的彝族聚居区。西昌市的凉山彝族奴隶社会博物馆是当今世界上唯一反映奴隶制社会形态的专题博物馆。每三年一届的凉山彝族国际火把节被称为"东方情人节"、"东方狂欢节"。

居住在祖国西南，其依据除了汉文文献资料外，更多的是古彝文文献资料和神话传说等；云南土著说认为云南是彝族的起源地；东来说认为彝族来自战国时期的楚国，是楚将庄蹻进军西南时迁来的；主张南来说的人数较少，他们认为彝族是古代夷越人的后裔，是从我国西南边疆甚至西南各邻国发展起来的；西来说出自西方所谓的"探险家"之口，他们从彝族的外形判定其来自欧洲，与雅利安人同族，或与高加索人种有关，还有一种说法是彝族来自西藏；北来说认为彝族是羌人的后代，是从中国西北来的，赞同这种说法的人比较多。

　　彝族文化丰富多彩，地区差异明显。彝族有六种方言。彝族文字是中国最早的音节文字，其中比较通用的有 1000 多个字。彝族各地服饰差异大，服饰区别近百种，琳琅满目，各具特色。每年农历六月二十四日的火把节是大部分彝族地区最盛大的传统节日。滇桂交界的白彝则以每年农历四月十日跳弓节最为隆重。

77. 农奴翻身走进现代文明社会

2009年1月19日，西藏自治区人民代表大会382名代表一致表决通过，决定将每年3月28日设为"西藏百万农奴解放纪念日"。3月28日那天，布达拉宫广场举行隆重的庆祝大会，人们载歌载舞，欢庆西藏百万农奴解放50周年。

为什么要设立这样一个纪念日呢？这要从旧西藏的农奴制说起。在西藏自治区档案馆里，保存着一封20世纪50年代初旧西藏地方政府有关部门写给一个藏族头目的信件，内容是这样的："为达赖喇嘛念经祝寿，下密院（藏传佛教格鲁派密院最高学府之一）全体人员需念忿怒十五施回遮法，为切实完成此事，需当时抛食，急需湿肠（刚从人体中取出来的肠子）一副、头颅两个、各种血、人皮一整张，望即送来。"

从这封信中可以看到，仅仅为了给达赖喇嘛念经祝寿，就要杀农奴，还要残忍地剖腹挖肠、砍下头颅、剥取人皮！

在旧西藏的农奴制下，西藏全部土地（耕地、牧场、森林、山川、河流等）

西藏和平解放协议签订仪式
1951年5月23日，中华人民共和国中央人民政府的全权代表和西藏地方政府的全权代表在北京签订《中央人民政府和西藏地方政府关于和平解放西藏办法的协议》（简称《十七条协议》），宣告西藏和平解放，西藏历史从此掀开了崭新的一页。

《中央人民政府和西藏地方政府关于和平解放西藏办法的协议》汉文和藏文原件

第一次行使投票权

1961年，西藏各地开始实行历史上从未有过的普选，翻身农奴和奴隶积极行使当家作主的民主权利。

以及大部分牲畜，都由约占人口5%的官家、贵族、寺院上层僧侣三大领主及其代理人占有；占人口90%左右的"差巴"、"堆穷"是农奴，他们没有财产和人身自由，靠耕种份地维持生计；另有约5%的"朗生"是世代奴隶，被当成"会说话的工具"。农奴主把农奴当作自己的私有财产支配，可随意用于赌博、买卖、赠送、抵债和交换。在旧西藏通行了几百年的法律，将人分成三等九级，农奴如果"触犯"了三大领主的利益，按情节不同可以处以挖眼睛、剁脚、断手、割舌甚至杀害。20世纪50年代，当中国人民解放军到达拉萨时，见到的是成百上千的乞丐。他们不停地哀号着、呼喊着、乞求着，他们中有的人被农奴主砍去了双腿，有的人被割断了脚筋，有的人被挖去了眼睛，有的人被剁去了双手。与此同时，也可以看到衣着华丽、

今日藏族人

穿金戴银的贵族和农奴主，有的还骑在奴隶身上四处招摇。

藏族是古代青藏高原的土著民族、北方的胡族、东方的氐羌在长期的交往中融合形成的。由于山川阻隔，原来生活在青藏高原的民族没有统一的族称。公元 7 世纪初，松赞干布统一青藏高原并建立吐蕃王朝，其居民才有了共同的族称——博巴（蕃巴）。松赞干布定都拉萨，拉萨一带便成为博巴人心中的中心区域，被称为卫（乌斯）。与卫地相连的今日喀则一带，因地处年楚河的上游，被称为藏，即"上部"之意。吐蕃王朝解体后，卫、藏两地一直是青藏高原政治、经济、文化最发达的地区，往往被联称为卫藏。以汉语文惯用的方法，把卫藏简称为藏，并以这个简称泛指博巴人居住之地，叫作藏地，居住在这里的人被称为藏人，中华人民共和国成立后定为藏族。

旧西藏长期处于政教合一、僧侣和贵族专政的封建农奴制社会，是 20 世纪上半叶人类社会还保留的最残酷、最黑暗的社会制度之一。1959 年，在平息了十四世达赖集团的武装叛乱后，中国共产党顺应历史潮流和人民的要求，领导西藏各族人民进行民主改革，彻底废除了黑暗的封建农奴制，百万农奴翻身解放，获得了人身自由，变成了有家、有业、有尊严的自由公民。

大量考古、学术研究表明，藏族与汉族及其他兄弟民族自古就有血缘、语言和文化等方面的密切联系，西藏地区与中国内地的经济、政治、文化往来始终没有中断过。今西藏在唐宋时期叫吐蕃；元朝设立总制院和宣政院，直接管理西藏地区军政事务，正式将西藏纳入中央行政管辖之下；明代称为乌思藏，设都司等机构进行管理；清初称为卫藏，后正式定名为西藏；1965 年建立西藏自治区。在中央政府和全国的支持下，西藏的政治、经济、文化等各方面实现了飞跃式发展。

>>>寻踪觅迹

西藏博物馆　有丰富的馆藏珍品和鲜明的地域与民族特色，展示藏民族独具魅力的灿烂文化和悠久历史。

78. "军转民"的东乡族

有一首民间叙事长诗叫《米拉尕黑》，数百年来口耳相传，经久不衰。它的故事梗概是——

很久以前，有一个年轻的勇士，名叫米拉尕黑（意为小哥哥），他的未婚妻名叫玛芝璐，长得娇美动人。在他们即将成婚之时，外敌入侵，边关告急，米拉尕黑赴前线抗敌。临别时，两个恋人难舍难分。米拉尕黑送给玛芝璐半面镜子，玛芝璐也赠物给心上人。几年后，当战争即将结束时，米拉尕黑接连做了三个奇怪的梦，梦见自家园子里的花开在了别人家的后花园里，自己家的小马驹拴在了别人家的马厩里，自家灶房的炊烟冒在别人家的烟囱里。一位睿智的老者为他圆梦，说这是有强盗在逼他的心上人成亲。心急如焚、归心似箭的米拉尕黑在老者的指点下，找得一匹神马，眨眼之间便回到了久别的故乡，回到了心上人身旁。在神马的帮助下，他们战胜了强盗，喜结良缘，过上了美满幸福的生活。

《米拉尕黑》是东乡族的民间叙事长诗。

东乡族自称撒尔塔。撒尔塔这个民族是以突厥各部、中亚土著粟特人、古花剌子模人，以及波斯人、阿拉伯人为主在 11 世纪之后形成的。他们讲突厥语，信奉伊斯兰教，经营农业、手工业

东乡族老人

>>>小贴士

主要聚居地：甘肃东乡族自治县、兰州市、广河县、和政县，新疆伊犁自治州。

人口：62.15 万。

>>>阅读指南

李金宏：《东乡族》。吉林文史出版社，2010 年 5 月。

马志勇：《甘肃东乡族史话》。甘肃文化出版社，2009 年 11 月。

开斋节会礼祈祷

和商业，在人种上属欧罗巴人和蒙古人的混合体。13世纪成吉思汗西征中亚花剌子模，一部分撒尔塔人融入乌孜别克族中，另一部分人被蒙古人强征入伍，并随之东来，在中国河州（今甘肃临夏）以东山区开荒屯田，逐渐由兵转民并安家落户，有些人成了回族的来源之一，有些人在东乡地区戍边屯垦，成为今天东乡族的主要来源。这些撒尔塔人与其他民族逐渐融合，形成了新的民族共同体即东乡族，但他们仍自称撒尔塔。

东乡族姑娘

东乡族之称是由于他们居住在河州东乡地区，中华人民共和国成立前他们曾被称为东乡回回、东乡蒙古、东乡土人等。

东乡族讲东乡语，属阿尔泰语系蒙古语族，大部分人会说汉语，没有本民族文字，通用汉文。

>>>寻踪觅迹

甘肃东乡族自治县　东乡族发祥地，丝绸古道南路上的重要通道，居住着全国一半以上的东乡族人，东乡羊、东乡手抓羊肉闻名全国。

79. 曾经弹奏天鹅琴的裕固族

裕固族服饰别具一格

裕固族男女的传统服饰是高领、大襟、右衽的长袍，女性喇叭形尖顶红缨白毡帽据说是为了纪念裕固族历史上一位被害致死的女英雄，红缨穗代表她为民而死时头顶上的鲜血。

>>>小贴士

　　主要聚居地：甘肃肃南裕固族自治县。

　　人口：1.44 万。

>>>阅读指南

　　李天雪：《裕固族民族过程研究》。民族出版社，2009 年 11 月。

　　张志纯：《甘肃裕固族史话》。甘肃文化出版社，2009 年 11 月。

中国的民族乐器有多少种？这个问题恐怕没有多少人能回答。因为中国的民族乐器实在太多了，有些乐器许多人听都没听说过。如果加上那些已经失传的乐器，那就更是数不胜数了。

　　传说裕固族就有一种已经失传的乐器，叫作天鹅琴，它的来历有一段广为流传的传奇故事。

　　传说古时候裕固人唱歌是没有乐器伴奏的。有一个裕固族小伙子叫别尔克，他有一副好嗓子，人们一听到他那美妙动听的歌声就会忘记忧愁和痛苦。他在湖边唱歌，连湖中的天鹅也听得着迷了。有一只漂亮的白天鹅，每次听到歌声都要飞到他身旁，拍打着洁白的翅膀翩翩起舞。

　　有一天，别尔克又到湖边放牧、唱歌，可唱了很久，都不见那只美丽的白天鹅。他预感到可能发生了什么不幸的事情，便急忙到白天鹅出没的芦苇丛中去找，发现那只白天鹅被一群老鹰咬死了。他非常伤心，就把老鹰吃剩的白天鹅骨架和肠子带回家，准备为它火葬。哪知第二天早晨，白天鹅的骨架变成了一把漂

背猎枪的裕固族男子

亮的天鹅琴，肠子变成了琴弦。别尔克一弹，琴声美妙动人，从此，天鹅琴与他形影相随。

一天，别尔克骑马回到原来放牧唱歌的湖边弹琴歌唱，想起昔日白天鹅伴舞的情景，不禁潸然泪下。这时，天空中飞来一位身穿白裙子的漂亮姑娘，她坐在别尔克的身旁，含情脉脉地看他弹琴、听他唱歌。后来，他们同骑一匹马，走遍祁连山的大草原，给裕固族人民唱歌，美妙的天鹅琴声回响在每个裕固人的心中……

到底有没有天鹅琴，或者后来天鹅琴为什么失传，什么时候失传的，至今仍是一个谜。

裕固族的历史可以追溯到先秦时期游牧于我国北方草原的丁零人，以及隋唐时期的回纥（鹘）人。9世纪中叶，生活在河西走廊今甘肃敦煌、张掖、武威一带的河西回纥，与邻近的汉、蒙古等民族交往相处，逐渐形成一个单一民族。他们原先信仰萨满教，后来又信仰佛教，因此，他们的语言里夹杂有一小部分汉语和佛教词汇。

裕固族历史上曾被汉文书籍称为黄蕃、黄头回鹘、锡喇伟古尔、撒里畏兀、撒里畏兀尔、外吾子等，他们自称尧乎尔、西拉玉固尔。

1953年，经周恩来总理提议和本民族代表协商，取裕固为族称，既与"尧乎尔"音相近，也取汉文富裕、永固之意。

>>>寻踪觅迹

甘肃肃南县 全国唯一的裕固族自治县，境内还有汉、藏、蒙古、土、回、满、东乡、保安等11个民族，自然和人文景观都独具特色。

80. 以腰刀闻名的保安族

当代保安族青年

在 20 世纪和 21 世纪之交的标志性建筑——中华世纪坛的民族象征图案中，保安族的象征是一把带鞘却闪着光芒的腰刀。保安族经济以农业为主，为什么却以腰刀作为其民族象征呢？

保安族的腰刀造型优美，装潢考究，工艺精湛，种类繁多，既是生活用具，也是别致的装饰品和馈亲赠友的上乘礼品，深受西北各族人民的欢迎，在阿拉

>>>小贴士
主要聚居地：甘肃积石山保安族东乡族撒拉族自治县，青海循化撒拉族自治县。

人口：2万。

伯国家也颇有名气。保安腰刀中最漂亮的要数"什样锦"，最有名气的则推"波日季"。

"波日季"腰刀的来历有一个动人的故事。传说从前保安族居住的地方美丽富饶，五谷丰登，人畜兴旺。可是有一年出现了一个魔鬼，打破了保安人安逸的生活。那魔鬼隔三差五就到村子里劫掠姑娘，搞得人心惶惶。铁匠哈克木决心消灭那魔鬼，便手持钢刀上山去与魔鬼搏斗，然而任凭他举刀猛砍，却总伤不着魔鬼。后来，有一位白胡子阿爷托梦给他，说有一种叫波日季的腰刀可制服魔鬼，对面山上有个天池，天池西边有棵老树，你按照此树叶子的形状打一

保安族摔跤

把腰刀，并且要在刀面錾树叶的图案。哈克木遵照白胡子阿爷的话精心打制了一把波日季腰刀，持刀杀死了魔鬼和毒蛇，救出了许多姑娘。为了纪念哈克木的功劳，人们至今仍保留波日季的原样。

很多保安腰刀都有故事，如"一把手"腰刀的图案就记载了一个真实的故事。过去，保安族中有一位技艺高超的腰刀匠人，他制作的腰刀人见人爱。他一身正气，只给好人打铁，不给坏人做刀，贪官污吏更别想得到他做的腰刀，这使他的腰刀身价百倍。一个县官为了巴结上司，限令他在30天内做出100把刀来，否则就要砍去他的手，铁匠不从，真的被砍了手。保安族人民为了纪念这位有骨气的铁匠，就在最精美、最珍贵的腰刀刀面上刻了一个五指并拢的"一把手"图案，现在这个图案被国家认定为保安腰刀的出口统一标志。

保安族历史上曾被称作回回、保安

回等，保安是其自称。保安是地名，保安族以居住地为族称。保安族的原住地是青海省同仁县保安堡，形成保安城、下庄、尕撒尔"保安三庄"。由于当地藏传佛教隆务寺宗教上层和部分土司头人的欺压，清朝咸丰、同治年间被迫迁徙进入甘肃，在积石山边临夏大河家、刘集一带定居下来，今积石山保安族东乡族撒拉族自治县的甘梅（甘河滩村和梅坡村）、大墩、高李新等地是保安族最集中的地区。

保安族的族源主要有两种说法：一种说是以蒙古人为主体，并融合当地的回、汉、土、藏等民族成分形成的；另一种说是元朝以来，中亚色目人进入中国青海同仁地区，与回、藏、汉、蒙等民族长期交往，自然融合为保安族。后一种观点为保安族所接受。

>>>阅读指南
董克义：《甘肃保安族史话》。甘肃文化出版社，2009年11月。
苏有文主编：《保安族文化概要》。甘肃人民出版社，2010年8月。

>>>寻踪觅迹
甘肃积石山县 保安族主要聚居地，其中以大河家和刘集两个乡镇最为集中。

81. 南腔北调的回族

回族谚语说："哪里的回回说哪里的话，哪里的回回唱哪里的歌。"的确，回族没有统一的民族语言，散居在华夏大地各个角落的回族，说的是各自居住地的汉语方言：宁夏话、陕西话、甘肃话、北京话、粤语、闽南语、回辉语……与汉族人一样，回族内部也是南腔北调，不同地区的回族语言不通，形成了一道独特、亮丽的语言风景线。

早在公元7世纪的唐代，回族先民从阿拉伯、波斯（今伊朗）、中亚等地，或骑着骆驼，或驾着云帆，携带香料和珠宝等来到中国。当时他们操着各自家乡的语言，所到之处与当地群众进行商业贸易、经济往来时，必须依靠"舌人"（翻译）的帮助，长期定居却不懂汉族语言文字会很不方便。大约到了元末明初，一些在中国出生、长大的"土生蕃客"中的上层人士开始学习和使用汉语。明代的四夷馆和会同馆内还特地设有回回馆，同时，朝廷还设置了回回国子监、回回国子学等专门机构，翻译、研究阿拉伯和波斯的语言文字，并在回族集中居住的回坊使用阿拉伯文和汉文对照的公文与门牌。由于回族内部语言差异太大，无法统一，汉语就逐渐成为回族的通用语。

回族虽然通用汉语，但他们原来

回族汤瓶雕塑

汤瓶即水瓶、水壶，是回族必不可少的日常盥洗用具，是回族文化的标志之一。回族人经营的饭店、茶馆、饮食摊点等场所往往放上一把汤瓶或挂上画有汤瓶图案的牌子作为标志。

宁夏永宁县纳家户清真寺

回族主要信仰伊斯兰教，清真寺是其主要宗教活动场所之一。如同语言一样，散居全国各地的回族所建清真寺也是融阿拉伯风格和中国传统建筑艺术于一体。

使用的阿拉伯语、波斯语并没有完全消失，在宗教活动中他们仍然使用这些语言，一些宗教职业者或经学院的学生仍然在学习和传承这些语言文字，广大穆斯林在聚礼和会礼等宗教活动中也要聆听或者诵读。回族在学习和使用汉语语言体系的同时，保留了阿拉伯语和波斯语的某些语言成分、语言习惯和表达方式。如：回族说的汉语中保留下来的阿拉伯词语有安拉（真主）、阿丹（《古兰经》中记载的人类始祖）、哈里发（代理人或继承人）、穆斯林（信仰伊斯兰教者）、尔林（学者或学问）等，回族语言中保留下来的波斯语有胡大（真主）、阿訇（主持清真寺宗教事务者）、满拉（清真寺经堂学校的学生）等。

回族自称回回，是以 13 世纪迁入的中亚各族人、波斯人和阿拉伯人为主，包括 7 世纪以来侨居中国的阿拉伯和波斯商人后裔在内，在长期发展中吸收汉、蒙古、维吾尔等民族成分，逐渐形成的

>>>小贴士

主要聚居地：宁夏、甘肃、青海、新疆、河南、河北、山东、云南。

人口：1058.61 万。

头戴盖头或纱巾是回族女装最显著的特点

一个中国民族。其先民在唐宋时被称为蕃客，元明以来称回回。回族一词从清朝乾隆年间开始逐渐被广泛使用，中华人民共和国成立后成为正式族称。

回族族源来源复杂，主要信仰伊斯兰教。其分布有小集中、大分散的特点，在内地主要与汉族杂居，在边疆则与当地少数民族杂居，全国大部分省份都有回族居住。这种分布格局使回族在对周围文化环境的适应过程中，进行了适我所需、为我所用的选择，使伊斯兰文化和中国传统文化协调相融，形成你中有我、我中有你和相互融合、风格独特的生活、饮食、居住、服饰及婚丧等习俗。这种不同民族文化之间的优化组合和创新，是中华民族从多元走向一体的生动体现。

>>>阅读指南

　　邱树森主编：《中国回族史》（修订本）。宁夏人民出版社，2012 年 6 月。

　　李秀琴、何克俭：《回族历史文化常识》。宁夏人民出版社，2012 年 4 月。

>>>寻踪觅迹

宁夏回族自治区　回族主要聚居地，全国五分之一的回族人口居住于此，以固原市和吴忠市最为集中，具有浓郁的民族风情。

回族自治州（县）　全国有两个回族自治州和 11 个回族自治（或联合自治）县，分别是：新疆昌吉州和甘肃临夏州；河北大厂县、孟村县，甘肃张家川县，贵州威宁县，云南寻甸县、巍山县，青海大通县、民和县、化隆县、门源县，新疆焉耆县。

82. 从土人到土族

很多国家都有狂欢节，在中国，土族的纳顿节堪称世界上时间最长的狂欢节。

在青海民和县一带，每年农历七月十二日至九月十五日纳顿节期间，土族户户酿新酒，家家宾客满座，大规模的文化娱乐活动使男女老幼欣喜若狂，整个民族沉浸在一片欢乐和喜庆的气氛之中。

"纳顿"是土语，意为娱乐、狂欢。纳顿是由"跳会手"、"跳面具哑舞"、"跳法拉"等主要活动组成的大型民间舞蹈。会手队伍由上百人组成，德高望重的老人手持古代兵器为前导，手持箫管和三角彩旗的老人随后，再后面是按辈分、年龄排列的旗手和戴红缨帽的锣手。在欢乐的锣鼓伴奏下，会手们迈着优美的舞步前进。每遇路口、桥梁，都要狂欢一番。主客两队会手会合时，锣鼓齐奏，鞭炮齐鸣，高呼"大好、大呀好"，顿时群情激奋，一片欢腾。然后还要摆阵法，有一字大蛇阵、二龙戏珠阵、八卦阵、龙门阵等，再就是举行"搭头"、"报喜讯"、"打杠子"等仪式。传说这是由古代军队欢庆胜利的庆典演化而来的，会手就象征着军队。纳顿节历时两

土族纳顿节傩戏表演

>>>小贴士

主要聚居地：青海互助土族自治县、民和县、大通县、同仁县，甘肃天祝藏族自治县。

人口：28.96万。

土族女子

服饰风格独特，服饰上精美的刺绣叫盘绣，已传承了一千多年。

土族梆梆会

因法师跳神时手持扇形羊皮鼓，边舞边击鼓，其声"梆梆"作响而得名。它保留了土族先民的生活习俗和大量早期图腾崇拜的遗迹，现已成为一个综合性的民间活动。

个月，规模宏大，场面十分隆重。

土族族源有多种说法，其中一种认为土族是以历史上的吐谷浑人为主体，逐步吸收羌、党项、藏、蒙古、汉等民族成分融合形成的民族。过去，各地土族有多种自称，青海互助土族自治县、大通县和甘肃天祝县一带的土族自称蒙古尔（蒙古人）、察罕蒙古（白蒙古），青海民和县土族自称土昆（意为土人），其他地区的土族自称土户家。附近藏族称其为霍尔，汉、回等民族称之为土人、土民。中华人民共和国成立后，根据本民族意愿，统一称为土族。

>>>阅读指南

　　张生寅、胡芳、杨军：《中国土族》。宁夏人民出版社，2012年5月。

　　《土族简史》。民族出版社，2009年7月。

>>>寻踪觅迹

　　青海互助土族自治县　土族聚居区，具有浓郁的土族风情，有拉仁布与吉门索（民间长诗）、花儿会、安昭舞等国家级非物质文化遗产。

83. 袖筒里捏指头做买卖的撒拉族

商品明码标价、买卖双方公开讨价还价，这在我们的生活中习以为常。可是，有一个民族做买卖时仍然流行不用语言并秘密进行讨价还价的交易方式。

在撒拉族地区，做买卖的人并不把物品价格标出来，而是双方都看了货之后，在袖筒里捏指头"谈"价钱，以免旁人听见。

撒拉族人是这样用手指"谈"价钱的：

捏住食指，表示1、10、100、1000……

捏住食指和中指，表示2、20、200、2000……

加上无名指，表示3、30、300……

再加上小指，表示4、40、400……

捏住五个手指，表示5、50、500……

捏住拇指与小指，表示6、60、600……

捏住拇指、食指与中指，表示7、70、700……

拇指与食指展开，表示8、80、800……

食指捏弯，表示9、90、900……

双方讨价还价时，手在袖筒里活动，

青海循化县街子清真寺

撒拉族祖寺，始建于明洪武三年 (1370)。寺内收藏有撒拉族祖先从中亚东迁时带来的手抄本《古兰经》。寺旁的骆驼泉是撒拉族的圣迹，是传说中循化撒拉族的发祥地。

撒拉族传统民居

嘴巴只说："这个价，怎么样？"一直捏到双方认为合适为止。如果双方捏的数字差距较大，就各自作罢，另觅交易对象。

这种颇具趣味的讨价还价方式与撒拉族的衣着习惯有密切关系。过去，撒

>>>小贴士

主要聚居地：青海循化撒拉族自治县、化隆回族自治县，甘肃积石山保安族东乡族撒拉族自治县。

人口：13.06万。

>>>阅读指南

马明良：《中国撒拉族》。宁夏人民出版社，2012年5月。

《撒拉族简史》。民族出版社，2008年11月。

拉人冬穿皮袄，夏穿长衫，袖子长且宽，在袖筒里讨价还价比较方便。随着时代的发展，今天撒拉人的穿着也改变了，宽袖子的衣服已经很少见，捏价就改在了衣襟、羊皮袄下进行，如买卖羊皮时，把羊皮往手上一盖，手就在羊皮下捏价，传统的交易习俗也得以延续。

撒拉族生活在青藏高原边缘，据说是古代西突厥乌古斯部撒鲁尔的后裔，撒鲁尔即乌古斯汗之孙。撒拉族使用撒拉语，属阿尔泰语系突厥语族西匈奴语支，不少撒拉人会讲汉语和藏语。他们没有本民族文字，一般使用汉文。

还有一种观点认为撒拉族的先民是从中亚东迁而来的。蒙古人建立横跨欧亚的蒙古大帝国后，大量调发中亚信仰

撒拉族宗教生活壁雕

伊斯兰教的各族人民到东方与西夏、南宋作战，这些人被统称为色目人。在军事高压态势下众多被迫大迁徙的人潮中，传说撒拉人仅仅是其中微乎其微的一小部分。传说撒拉部落首领尕勒莽和阿合莽兄弟率领本族 170 户人长途跋涉，东行万里，历经艰辛，落户于今天青海循化县一带。他们被编入蒙古探马赤军，使命就是屯垦戍边，"上马则备战斗，下马屯聚牧养"。后来，他们逐渐转为农垦，并形成聚居的村寨、据点。在长期与周围回、汉、藏等民族的杂居交往中，撒拉人不断融进这些民族的新鲜血液，扩大民族主体，逐渐形成一个新的民族。

撒拉族自称撒拉尔，汉文史籍中还有撒拉儿、沙剌、萨拉、撒剌等多种写法，因他们信仰伊斯兰教，因此又被称为撒拉回。中华人民共和国成立后称为撒拉族。

当代撒拉族

>>>寻踪觅迹

青海循化县 中国唯一的撒拉族自治县，有撒拉族发祥地街子骆驼泉、青海第二大清真寺——街子清真寺、循化撒拉族祖先尕勒莽与阿合莽墓等相关文物古迹。孟达乡大庄村还有建于明末的撒拉族古民居——篱笆木楼。

84. 智慧乐观的维吾尔族

烈日当空，热浪灼人，人们在路旁一棵大树下歇脚。财主巴依和他的婆娘走过来，向人们勒索"树荫钱"，说那树荫是他家的。这时，一位老人路过这里，他留着一绺智慧的胡子，骑一头不听话的小毛驴。老人了解情况后不但乐于认账，还怂恿巴依将"树荫"卖掉，赚一笔大钱。老人以一袋金币买下"树荫"后，就以其人之道还治其人之身，使自以为得计的巴依洋相百出。愚蠢的巴依只得答应老人提出的条件——以加倍高价买回"树荫"，把老百姓欠的高利贷统统勾销。

这位幽默风趣、爱打抱不平的机智老人就是大名鼎鼎的阿凡提，他是智慧、快乐的维吾尔族人的化身，只要一提起他的名字，愁眉苦脸的人也会展开笑颜。

聚居在天山以南各个绿洲的维吾尔族是一个热情、开朗、乐观的民族，那节奏鲜明的手鼓声，那优美动听的热瓦普，那嘹亮热烈的唢呐腔，男女老少那迷人的舞姿，如火一般迅速燃烧起人们的激情，使你不得不放声歌唱，不得不随之起

坎儿井

古代维吾尔等族人民创造的一种独特的地下水利工程。在有高山雪水潜流的地方，每间隔一定距离打出一系列深浅不等的竖井，再修通暗渠将竖井连通，把地下水引至地面灌溉桑田。新疆吐鲁番地区坎儿井最多，共有1000多条，全长达5000多千米。

维吾尔族先民之一——回鹘男供养人像（新疆柏孜克里克石窟壁画）

بىلىم باىلىق ئول، گادايلار شمايدىغان، قاراقچى ۋە ئوغرى ئالالمايدىغان.

——يۇسۇپ خاس ھاجىپ

维吾尔文

维吾尔族在历史上曾使用过突厥文、回鹘文、察合台文。今中国新疆自治区使用的维吾尔文是在晚期察合台文基础上形成的以阿拉伯字母为基础的拼音文字，共有32个字母，自右至左横书。

维吾尔族是一个十分古老的民族。汉文史书在南北朝和隋朝时称之为韦纥、乌护、乌纥，唐朝时称之为回纥、回鹘，后来还有叫畏兀儿、畏吾而、畏吾、畏兀、畏午儿、畏古鲁、委吾、委兀、卫兀、卫吾、卫郭尔、外吾、瑰古、辉和、辉和尔、伟兀尔、魏哥尔、维伊哥儿等，真可谓五花八门。其实，这些叫法都是维吾尔族自称的不同翻译法。"维吾尔"是本民族的自称，含有团结、联合的意思。清代官方多称"回部"或"缠回"。

中华民国时期，有人提出维吾尔族的汉译名可译成"维吾尔"，表示维护

舞，不得不如痴如醉。维吾尔族木卡姆艺术集歌、舞、乐于一体，它伴随维吾尔人的一生，没有木卡姆的婚礼不会热闹，离开木卡姆的麦西来普死气沉沉。2005 年，流传于新疆维吾尔族各聚居区的各种木卡姆组成"维吾尔十二木卡姆艺术"，被列入联合国教科文组织人类口头和非物质遗产代表作名录，变成了全人类的精神文化财富。

>>>小贴士
　主要聚居地：新疆天山以南绿洲地区，湖南桃源县、常德市。
　人口：1006.93 万人。

头戴花帽、梳着多
而长的辫子是维吾
尔族姑娘的代表性
装束

馕是维吾尔族的主食之一

（维）我们（吾）和你们各民族（尔）大
家庭一律平等、和睦相处的关系。1934
年，维吾尔族文化促进会呈文新疆省政
府，请求将"维吾尔"三字核定为汉文
规范的维吾尔族名，从此，汉字"维吾
尔"就成为维吾尔族规范的族名。

>>> **阅读指南**

　　王钟健主编：《维吾尔族》。新疆美
术摄影出版社、新疆电子音像出版社，
2010 年 3 月。

　　阿不都克里木·热合满、马德元主编：
《维吾尔族文化简史》。新疆人民出版社，
2011 年 4 月。

>>> **寻踪觅迹**

　　新疆喀什市　古称疏勒，是维吾尔民
族文化的发祥地之一，民族特色浓厚，有
"不到喀什，就不算到新疆"之说。有艾
提尕尔清真寺、阿帕克霍加麻扎、高台民
居等古迹与人文景观。

　　新疆吐鲁番市　是维吾尔文化中心之
一，维吾尔族人口占 70% 以上，维吾尔族
的音乐、舞蹈、服饰、宗教、礼仪、餐饮
和生活习俗、建筑风格等都独具魅力。有
交河故城、高昌古城、阿斯塔那古墓群、
柏孜克里克千佛洞、吐峪沟麻扎村、苏公
塔、葡萄沟等古迹与人文景观。

85. 盛行姑娘追的哈萨克族

"我愿做一只小羊，跟在她身边，我愿她拿着皮鞭，轻轻地打在我的身上……"这是哈萨克族民歌《姑娘追》里的歌词。"姑娘追"是哈萨克族姑娘、小伙子最喜欢的一种民间传统游戏，也是他们寻找恋人、表达爱意的特殊方式。游戏开始时，小伙子与自己看中的姑娘骑马并肩向远方的山中走去。一路上，小伙子可以尽情地与姑娘开玩笑，倾吐爱慕之意，姑娘不论是否喜欢这个小伙子，都任由他说，不能表现出任何不满情绪，更不能生气或谩骂小伙子脸皮厚。可是，在返回途中，姑娘就好像换了个人一样，不再忍气吞声了：小伙子骑马在前面奔跑，姑娘骑马在后面紧追不舍，并扬起马鞭，猛抽小伙子。为了少挨姑娘抽，小伙子只有拼命地拍马奔跑，不但不能还手，还必须努力护住头上的帽子，不让姑娘抽掉，否则就意味着失去了尊严。当然，如果姑娘对小伙子有意，是会鞭下留情的，只见鞭子在小伙子头上转圈虚晃，却不见鞭梢落身，

或者故意将鞭子打到小伙子坐骑的屁股上面。

姑娘追据说来源于哈萨克族始祖的爱情故事：从前有一只白天鹅化为女子，和一位猎人结为夫妻，结婚那天，他们骑着两匹白色的骏马，像白天鹅一样飞来飞去，互相追逐……

哈萨克先民在公元前就活跃于我国西北部的阿尔泰山、天山以及伊犁河谷、伊塞克湖一带，是丝绸之路的开发者和经营者之一。西汉时天山北部的乌孙是哈萨克族的先民。乌孙后来与康居、奄蔡人以及来自中亚的塞种、大月氏，还有进入这个地区的匈奴、鲜卑、柔然、

姑娘追

叼羊
哈萨克族传统的马上竞技活动，既比勇敢又赛骑术，也是力量和智慧的较量。

突厥、铁勒、契丹、蒙古等民族融合，建立了乌孙国。公元前60年，汉朝在西域设置都护府，与乌孙结盟，共同击败了匈奴，使巴尔喀什湖以东、以南，直至帕米尔高原的广大土地并入中国版图。

元朝时，哈萨克族先民居住地被成吉思汗的子孙统治，明朝时先后被金帐汗国、白帐汗国、乌孜别克汗国统治。明景泰七年（1456），乌孜别克汗国的克烈和加尼别克带着自己的部落，向东迁徙，建立了哈萨克汗国，吸引周邻大量游牧部落纷纷前来加入。随着汗国的壮大，到15世纪末，一个有共同名称、共同语言、共同地域的哈萨克族最终形成。"哈萨克"意为避难者或脱离者。清代，哈萨克人及其分布地区分为大、中、小三个"玉兹"（血缘部落联盟），即清朝文献中的右、左、西三部。

18世纪中叶，哈萨克三个"玉兹"归顺清朝。此后，哈萨克人民和新疆各族人民一起，为维护祖国统一、反抗沙

>>>小贴士
主要聚居地：新疆伊犁哈萨克自治州、木垒哈萨克自治县、巴里坤哈萨克自治县、甘肃阿克塞哈萨克自治县，青海海西蒙古族藏族自治州；中亚哈萨克斯坦等国。
中国人口：146.26万。

>>>阅读指南
《哈萨克族简史》。民族出版社，2008年8月。
冯瑞：《哈萨克族民族过程研究》。民族出版社，2004年5月。

哈萨克族牧民秋季转场

俄侵略作出了重要贡献。18世纪中叶起，沙俄侵略中国，并侵入哈萨克草原和原属清朝伊犁将军管辖的巴尔喀什湖以东、以南地区。1864年至1883年，沙俄以讹诈和军事威胁手段，迫使清政府签订了一系列不平等条约，按照条约中"人随地归"的规定，侵占了中国哈萨克族居住的地区，使大批哈萨克人脱离了祖国大家庭，以致今天只有少部分哈萨克人生活在中国，大部分哈萨克人则生活在中亚地区。

古代哈萨克族过着逐水草而居的游牧生活，服饰和饮食习惯都带有浓郁的草原畜牧生活特征，奶制品在哈萨克族饮食中的分量很大。现在，哈萨克族大部分仍从事畜牧业，按季节在天山南麓和阿尔泰山南迁坡迁转游牧。

"哈萨克"一词是汉语译音。对这一族称的来源和含义，众说纷纭，除了避难者或脱离者，也有说是勇敢、大胆和自由人、独立者之意的。哈萨克民间广泛流传的说法是白天鹅之意，并且传说哈萨克祖先是由白天鹅化身的姑娘与一勇士结合而生的，他们的日常生活中有种种相关的禁忌和崇拜习俗。中华人民共和国成立后，以哈萨克作为统一的族称。

>>> 寻踪觅迹

新疆木垒哈萨克自治县　有四道沟原始村落遗址、古代烽燧、博斯塘岩画群等文化遗迹，县民族博物馆中早期社会、民风民俗、草原游牧文化等文物特色显著。

新疆巴里坤哈萨克自治县　巴里坤大草原是新疆第二大草原，有"天马故乡"之称，这里的牧民保留着纯正的哈萨克族传统。

86.《玛纳斯》的传唱者柯尔克孜族

在中国有一部口头史诗,它以独特的魅力闻名世界,这就是《玛纳斯》,它是柯尔克孜族人民世世代代的集体创作。玛纳斯是柯尔克孜族传说中的古代民族英雄,他祖孙八代为反抗异族统治者的掠夺和奴役、争取人民自由和幸福生活进行了不懈的斗争,他们的故事被柯尔克孜人世代传颂。1000多年来,没有文字,没有曲谱,柯尔克孜人完全靠口头把《玛纳斯》传唱了下来,一代又一代,从公元9世纪一直传唱到了今天,形成共8部、23万余行的英雄史诗。

因广泛涉及柯尔克孜族语言、历史、民俗、宗教、哲学等古代社会生活的方方面面,《玛纳斯》被称为柯尔克孜族的百科全书。它是中国三大史诗之一,也是世界上最伟大的英雄史诗之一。

"柯尔克孜"是本族的自称,意为"40个姑娘",也有人解释为"40个部落"或"草原人"。在汉文史籍中,不同

>>>小贴士

主要聚居地:新疆克孜勒苏柯尔克孜自治州、乌什县、阿克苏市、莎车县、英吉沙县、塔什库尔干塔吉克族自治县,黑龙江富裕县。

人口:18.67万。

《玛纳斯》演唱

新疆阿合奇县猎鹰节上的柯尔克孜族男子

历史时期对柯尔克孜族先民的称呼也不同，两汉时称为鬲昆、坚昆，三国至隋朝时叫作护骨、结骨、契骨、纥骨，唐朝称黠戛斯，辽、宋、金时称作辖戛斯、黠戛司、纥乞斯，元明时期写作乞儿吉思、吉利吉斯，清代称为布鲁特。"柯尔克孜"在中亚国家被译成"吉尔吉斯"。

柯尔克孜族先民最初游牧于西伯利亚西部的叶尼塞河上游，后来逐渐向西南迁至天山和中亚一带，并与当地突厥等民族融合。唐朝开成五年（840）灭回鹘汗国，建立黠戛斯汗国，唐朝曾封其首领为英武诚明可汗。元朝在吉利吉思地区设立谦州进行管辖，并从中原和西域输送大量工匠和农民帮助吉利吉思人发展农业和手工业生产。

16世纪至18世纪，沙俄侵占了柯尔克孜先民的大片土地，他们被迫离开发祥地，举部西迁到今吉尔吉斯斯坦境内的伊塞克湖地区。19世纪，沙俄强占了中国在中亚地区的大片领土，使柯尔克孜族成了一个跨国而居的民族。

当代柯尔克孜族是中国与吉尔吉斯斯坦、哈萨克斯坦、塔吉克斯坦、阿富汗等国的跨国民族，吉尔吉斯（柯尔克孜）族人占吉尔吉斯斯坦总人口的一半以上，哈萨克斯坦、乌兹别克斯坦的吉尔吉斯（柯尔克孜）族人口也超过15万。

>>>阅读指南

刘文霞主编：《柯尔克孜族》。新疆美术摄影出版社、新疆电子音像出版社，2010年3月。

阿地里·居玛吐尔地：《中国柯尔克孜族》。宁夏人民出版社，2012年5月。

>>>寻踪觅迹

新疆克孜勒苏柯尔克孜自治州　中国柯尔克孜族主要聚居地，具有浓郁独特的民族风情。州首府阿图什市有喀喇汗国王庭遗址、喀喇汗国古墓苏里堂麻扎及清真寺等相关古迹；阿合奇县有众多柯尔克孜族岩画、古墓葬、古城址、古炮台、烽火台、古城堡，被称为猎鹰之乡；乌恰县玉其塔什草原是新疆南部最大的夏牧场。自治州每年都举办猎鹰文化节、玛纳斯文化旅游节等民俗活动，州博物馆收藏有相关文物。

87. "鹰的传人"塔吉克族

在帕米尔高原东部的塔什库尔干境内，群山耸立，不仅有世界第二高峰乔戈里峰，还有号称"冰山之父"的慕士塔格峰，众山峰终年积雪，冰川高悬，险峻奇丽，仪态万千。在雪岭冰峰之下的河流两岸谷地，既有连绵成片的草原，也有可供稼穑的土地，居住在这里的塔吉克族，世代过着以游牧业为主、兼事农耕的生活。

帕米尔高原山川险阻，交通阻塞。那自由翱翔于雪山之巅的山鹰，是塔吉克人最羡慕、最崇拜之物，他们以"鹰的传人"自称。他们认为鹰是忠诚、勇敢、坚强、正义的象征，在塔吉克的民族传统文化中，有许多关于鹰的故事、民歌、寓言、谚语等，鹰舞也是最有特色的舞蹈。鹰笛是塔吉克族独特的伴舞乐器之一，是塔吉克乐舞的灵魂。这种吹奏乐器是用鹰的翅骨镂刻而成，音色明亮、高亢，即使是表达思念或者忧伤，也绝不会呜咽低回，因为那是鹰的歌声。

鹰笛的来历有一个动人的传说。古时候，塔吉克人过着狩猎生活，家家户户都养猎鹰。猎鹰白天随主人狩猎，晚上给主人放哨。有一个叫娃发的年轻猎人，他的祖父和父亲都是有名的猎手，但是都过着衣不遮体、食不饱肚的苦日子，因为猎获的珍禽奇兽都被贪婪的奴隶主抢走了。父亲留给娃发一只已经100多岁的"鹰王"。鹰王虽然年老，却有一双异常明亮的"千里眼"，飞在高空，百里之外的小雀飞动也能看得见。娃发带着他的猎鹰天天去打

吹奏鹰笛

牦牛叼羊是塔吉克族独特的传统竞技项目

猎，日复一日，年复一年，他记不清捕获了多少猎物，但还是照样被奴隶主夺去，自己仍然一无所有。娃发常常坐在山坡上，向鹰王倾诉自己的悲惨遭遇，幻想有朝一日也能够像雄鹰一样在蓝天上自由翱翔。

有一天，娃发充满忧愁地对鹰王唱道："塔吉克的奴隶啊，像天边坠落的星星；活着的被吸血鬼吸吮，死去的闭不上眼睛。凶狠的奴隶主啊残酷无情，冷硬的心肠，像慕士塔格冰峰。塔吉克人民啊，难道永远是天边将要坠落的星星？"

娃发的悲歌打动了鹰王，它从此失去了狩猎的兴致，却热衷于传播娃发的歌声。不久，猎手和穷人们都学会了这首歌。奴隶主得知后，吓得心惊肉跳，害怕奴隶们起来造反，就命令娃发交出鹰王。娃发又对鹰王唱起了这支激愤悲伤的歌，鹰王忽然拍打翅膀，也唱起歌来。鹰王要求娃发快把它杀了，然后用它的骨头做一支笛子，有了鹰笛，就会要什么有什么，就不会再受苦、再受欺压了。可是，娃发怎么舍得杀掉鹰王呢？他抱着鹰王，抚摸着它，泪流满面。鹰王着急地抖动着翅膀，央求娃发赶快把它杀了，否则奴隶主一来就完了！娃发无可奈何，含泪杀了鹰王，抽出翅膀上最大的一根空心骨头，钻了三个眼，做

>>>小贴士
主要聚居地：新疆塔什库尔干塔吉克族自治县及其周边地区。
人口：5.11万。

塔吉克族女子

了一支竖吹的短笛，他一吹，果然吹出了美妙动听的乐曲。

奴隶主得知娃发杀了鹰王，就派人来抓他。娃发从腰带上抽出鹰笛，吹起那支愤怒的歌曲。哪知笛声一响，成群的猎鹰像听到命令一样，从四面八方飞来，有的用尖嘴啄，有的用利爪抓，把残暴的奴隶主活活啄死了。塔吉克人从此获得了自由与幸福，鹰笛也在帕米尔高原世代相袭，流传至今。

塔吉克族是一个历史文化悠久的民族。早在先秦时代，塔吉克先民就已经是帕米尔高原的主人。公元2世纪至3世纪，在塔什库尔干一带出现了揭(qiè)盘陀(tuó)国，揭盘陀人是中国塔吉克族的远祖。公元8世纪，揭盘陀国消亡。公元9世纪至16世纪，塔什库尔干地区先后受吐蕃、喀拉汗王朝、西辽、元朝和蒙古察合台汗国的管辖。塔吉克族先民在元朝时被称为"色勒库尔"。塔吉克族先民在东西方文化的交流中受到多元文化的影响，全民族信仰伊斯兰教。

塔吉克语属于印欧语系伊朗语族帕米尔语支，分为色勒库尔塔吉克语和瓦罕塔吉克语两种方言。17世纪中叶清朝统一全国后，塔吉克族地区同南疆维吾尔族地区的民族交往频繁，因此许多塔吉克人兼通维吾尔语和柯尔克孜语，普遍使用维吾尔文。"塔吉克"是本民族的自称，是王冠之意。中华人民共和国成立后，以塔吉克作为族称。

塔吉克族是中国与塔吉克斯坦、吉尔吉斯斯坦、乌兹别克斯坦、阿富汗等国家的跨国民族，其中塔吉克斯坦的塔吉克族人数超过该国总人口的一半。

>>>阅读指南
西仁·库尔班、阿布都许库尔·肉孜、高雪：《中国塔吉克族》。宁夏人民出版社，2011年6月。
王钟健：《塔吉克族》。新疆美术摄影出版社、新疆电子音像出版社，2010年3月。

>>>寻踪觅迹
新疆塔什库尔干塔吉克族自治县 以塔吉克族为主体，聚居着维吾尔、柯尔克孜、汉等14个民族，有石头城、公主堡等古遗址。

88. 东西方交流的使者乌孜别克族

乌孜别克族叼羊

生活在戈壁滩上的呼孛孛鸟有一身漂亮的羽毛，飞得又快又远，森林里的云雀、斑鸡、北朱雀等小鸟都很羡慕它。一天，小鸟们聚在一起议论，说如果它们也能像呼孛孛那样飞得又快又远，就可以找到更丰富的食物了，于是，它们决定去找呼孛孛，请它传授飞翔本领。

呼孛孛不愿意把本领传授给小鸟们，便借口说它正在搭窝，没有工夫，实际上它是从来不搭窝的。小鸟们说它们愿意先帮呼孛孛搭窝，然后再学本领，呼孛孛只好勉强答应了。小鸟们通力合作，很快就为呼孛孛搭了一个漂亮的窝，可是呼孛孛又借口说天黑了，请小鸟们赶快回家，第二天再来。

>>>小贴士

主要聚居地：新疆伊宁市、乌鲁木齐市、塔城市、叶城县、莎车县。

人口：1.06万。

乌孜别克族姑娘

盛装的乌孜别克族女子

小鸟们飞走后，呼孛孛琢磨着怎样才能拒绝小鸟们，它决定采取躲避的办法。第二天天还没亮，呼孛孛就慌忙飞到一个村庄，钻进一个破墙缝里。整整一个冬天，它都生活在墙缝里，直到春天了才出来。呼孛孛不肯将它那高超的飞翔本领传授给其他小鸟，只好烂在了自己的肚子里，弄得浑身发臭，据说直到现在，呼孛孛身上还有一股难闻的臭味。

这是一则乌孜别克族寓言，它告诉人们：助人是一件利人又利己的事。乌孜别克人也以助人为乐为荣。

乌孜别克族最早居住在中亚各地，主要是由古代西迁的阿尔泰语系的突厥人与生活在中亚的粟特人、贵霜人、花拉子模人等印欧语系的部落融合而成的。"乌孜别克"的意思是"自己的领袖"。早在14世纪，乌孜别克人统治的金帐汗国就与元朝友好通商，元朝称他们为月即别、月祖伯等。当时，由几十人或几百人组成的乌孜别克商队，在丝绸之路上往来不绝，驮运货物的驼铃声回响在天山南北。他们将中亚等地的珠

>>>阅读指南

袁琳瑛主编：《乌孜别克族》。新疆美术摄影出版社、新疆电子音像出版社，2010年3月。

米娜瓦尔·艾比布拉·努尔：《中国乌孜别克族》。宁夏人民出版社，2012年12月。

乌孜别克族同样能歌善舞

宝、牲畜、皮张运入今新疆一带，又将中国的丝绸、瓷器、茶叶等销往中亚和欧洲。

从16世纪起，乌孜别克人开始经新疆到内地经商，并在新疆安家落户。18世纪初到19世纪早期，以乌孜别克人为主体的浩罕汗国曾是中亚河间地区的第一强国，与清朝建立了长期友好的政治和经济联系，民间和官家商队往来频繁，以至于当时浩罕汗国撒马尔罕城的东门被称为"中国门"。中亚地区民间曾有这样一句俗语："十个俄罗斯人不如一个犹太人，十个犹太人不如一个乌孜别克人。"这是其他民族对乌孜别克人经商才干的由衷敬佩之语。乌孜别克人架起的商贸之桥，对东西方经济文化交流作出了重要贡献。

从18世纪初期至30年代，乌孜别克人持续从中亚迁入我国新疆，人数日渐增多，其居住区也由南疆扩展到北疆，当时他们被称为安集延人、浩罕人、布哈拉人等。经过漫长的历史过程，逐步形成了中国的乌孜别克族。

全世界乌孜别克族目前约有2000万人，主要居住在乌兹别克斯坦、哈萨克斯坦、吉尔吉斯斯坦、塔吉克斯坦、土库曼斯坦、俄罗斯、阿富汗、伊朗等国，其中乌兹别克斯坦乌孜别克族约占该国总人口的70%，塔吉克斯坦乌孜别克族约占该国总人口的20%。中国境内的乌孜别克族人数较少，而且居住得很分散。

>>>寻踪觅迹

大南沟乌孜别克族乡 位于新疆木垒县，是全国唯一的乌孜别克族乡，乡里还有哈萨克、塔塔尔、维吾尔、汉、回等民族。刺绣和金银器、木器等手工艺品是当地乌孜别克族的传统工艺。

89. 古老又年轻的塔塔尔族

俗话说"男大当婚，女大当嫁"。男娶女嫁是一般的婚姻形式。可是，有一个民族却流行着一种别具一格的婚俗，即先把新郎"嫁"出去，然后再"娶"回来。这个民族就是塔塔尔族。

塔塔尔族小伙子如果看中某家的姑娘，就请媒人登门求亲。如果女方家长答应这门亲事，男方就送给姑娘从头到脚的整套服装，就算订婚了。婚礼先在新娘家举行，新郎要先"嫁"到女方家。结婚前几天，男方要把为新娘制作的全部服装、炊具、陈设和举行婚礼需要的物品以及自己的"嫁妆"送到女方家。新婚之日，新郎在伴郎和亲朋好友的陪同下，乘坐马车，拉着手风琴，唱着塔塔尔的流行歌曲《几尔》，浩浩荡荡地"嫁"往女方家。

婚后，新郎要在女方家住一段时间，短的三个月至半年，长的甚至要生一个孩子后才能把妻子"娶"回家。在女方家居住期间，岳父、岳母要拿出上好的食品款待女婿，使他感到如同生活在自己家里一样温暖。当新婚夫妇回男方家时，新娘的嫁妆要全部带走。快到男方家门口时，男方亲友用绳子拦住新娘的去路，新娘要献上糖果等物才能进门，然后男方举行宴会，尽情娱乐，欢迎新娘的到来。

欢乐的萨班节
塔塔尔族传统节日，一般在每年 5 月农忙结束后举行，是一个休整欢庆的日子。

>>>小贴士
主要聚居地：新疆伊宁县、塔城市、乌鲁木齐市。
中国人口：0.36 万。

>>>阅读指南
袁琳瑛主编：《塔塔尔族》。新疆美术摄影出版社、新疆电子音像出版社，2010 年 3 月。
热合甫·阿巴斯、周建华：《中国塔塔尔族》。宁夏人民出版社，2012 年 5 月。

塔塔尔族姑娘

塔塔尔族小伙子

塔塔尔族的祖先是古代突厥汗国统治下的塔塔儿部落，唐代文献称之为达旦，之后的文献里出现的达达、鞑靼、达怛，都是"塔塔尔"的不同音译。随着突厥的衰亡，鞑靼渐渐成为强大的部落。蒙古兴起后，鞑靼部为蒙古所灭。蒙古人西征时，欧洲曾将蒙古人统称为鞑靼。15世纪左右，由伏尔加河畔操突厥语的土著人——保加尔人和钦察人以及西征的蒙古人的后裔融合形成了塔塔尔族。

中国的塔塔尔族主要是19世纪20年代和30年代前后陆续从喀山、斜米列齐、斋桑等地迁徙来的。当时，一部分塔塔尔人被俄国封建领主夺走土地，被迫出外流浪，有些人经伏尔加河下游、西伯利亚、哈萨克斯坦来到中国的新疆。19世纪末至20世纪初，沙俄通过一系列不平等条约，打开了对中国新疆的通商大门，喀山一带的塔塔尔商人、教育工作者、宗教职业者随之来到新疆，并逐渐定居下来。第一次世界大战期间和战后，又有不少塔塔尔商人、农民和手工业者迁到新疆。因此，塔塔尔族是中华民族的一个年轻成员。

现在，塔塔尔族成了一个跨国民族，主要分布在俄罗斯、哈萨克斯坦、吉尔吉斯斯坦、乌兹别克斯坦、塔吉克斯坦和土库曼斯坦，乌克兰、阿塞拜疆、蒙古等国也有塔塔尔族。

塔塔尔族有本民族的语言，由于与维吾尔、哈萨克等民族杂居，联系密切，这两个民族的语言、文字也逐渐成为塔塔尔族的日常用语和通用文字。

>>>寻踪觅迹

塔塔尔寺 位于新疆乌鲁木齐市解放路南端，1897年由塔塔尔族人所建，是当地维吾尔、塔塔尔、乌孜别克等民族的主要宗教活动场所。

90. 从归化族到俄罗斯族

俄罗斯族民居木刻楞房

1935年，归化族正式成为中国的一个单一民族，他们聚居的村落也被称为归化村。"归化"的意思就是归顺、化一、服从。所谓归化族，就是具有俄罗斯血统的人。

俄罗斯族是俄国的主体民族，中国的俄罗斯人是从俄国迁来的。俄罗斯移民与中国汉、蒙古等民族通婚出生的混血儿，也成为中国俄罗斯族的一个组成

>>>阅读指南

苏闻宇、马璐璐、罗意：《中国俄罗斯族》。宁夏人民出版社，2012年5月。

陈文新主编：《俄罗斯族》。新疆美术摄影出版社、新疆电子音像出版社，2010年3月。

部分。

俄罗斯人最早移民中国是在元代，当时的元大都（今北京）就有俄罗斯人居住。在《元史》中，"俄罗斯"被写成"斡罗思"。但是，这部分俄罗斯移民并没有作为一个独立的民族延续下来，而是融入汉族或蒙古族中。

今天中国的俄罗斯族产生于19世纪之后，是因经商等原因定居中国的俄国人及其与中国人结婚生育的后代形成的民族。

从19世纪30年代开始，主要有三批俄国人陆续迁入中国新疆。

第一批俄国人移民是吉尔加克东正教旧礼仪派移民。吉尔加克人是俄罗斯

人的一支，由于反对 17 世纪沙皇和东正教会的宗教改革，受到沙皇政府和东正教廷的歧视和迫害，为了生存，他们有的逃进深山野林，有的迁居国外。18 世纪至 19 世纪初，一批吉尔加克人迁入新疆阿勒泰地区。据 1943 年统计，居住在阿勒泰地区布尔津县、哈巴河县的吉尔加克人共有 295 户、1200 多人。

第二批俄国移民主要是商人和外交官。1851 年，《中俄伊犁塔尔巴哈台通商章程》签订之后，沙俄获得了在新疆伊犁、塔城设立领事馆和建立贸易圈的权利，贸易圈内免税贸易的高额利润吸引了大批俄国商人来华。1871 年《中俄伊犁条约》签订之后，沙俄在新疆喀什和乌鲁木齐增设了领事馆，大批俄国商人又流入这两个地区，他们在当地大多购有土地和房产，后来少部分人回国，大多数人留了下来，加入了中国国籍。

第三批俄国移民主要是十月革命时期的俄国白军和难民。1917 年俄国十月革命爆发，一股股溃败的白军裹胁着大批难民来到新疆，一部分人投奔早先来到这里的亲友，另一部分人被当时的新疆当局分散安置，还有一部分人被遣返回国。1941 年苏联卫国战争期间，又有许多人为躲避战争灾难，流入新疆投亲靠友。

除了新疆，俄国人还有一些迁入中国东北等地。

19 世纪 80 年代后，俄国人大量进入中国额尔古纳河下游右岸和黑龙江上游右岸开采金矿，很多来自中国山海关

俄罗斯族巴斯克节碰彩蛋

巴斯克节即复活节，是东正教教徒为纪念耶稣复活设立的节日，时间大约在每年的 4 月末 5 月初，节期为一星期。碰彩蛋是巴斯克节必不可少的传统游戏项目。

俄罗斯族人大多能歌善舞

>>>小贴士

主要聚居地：新疆伊犁州、塔城市、阿勒泰市、乌鲁木齐市，黑龙江黑河市，内蒙古呼伦贝尔市。

人口：1.54 万。

黄种人特征明显的俄罗斯族年轻人

以南各省的单身男子成为金矿的雇工，后来这些人中的一部分娶俄国女子为妻，从而出现了一批中俄混血儿。

俄国十月革命发生后，上海、天津等沿海城市也聚集了数以万计的俄国流亡者，他们中有一部分人与中国人结婚，产生中俄混血儿。

十月革命后生活在俄国外贝加尔地区的一部分布里亚特人（蒙古族的一支）和通古斯人（鄂温克族）移民中国，其中也有少量俄罗斯族人。这些俄罗斯族人后来均与布里亚特和通古斯人通婚，从而产生出另外两种中俄混血儿。

第二次世界大战期间，中国东北被日本侵占，苏联对生活在其远东地区的华人采取了不信任的态度，于是有不少华人携带其俄罗斯妻子及中俄混血子女回到中国。还有一些华人被苏联政府强行迁到苏联中亚地区，其中有一部分人

通过伊犁、塔城两个口岸进入新疆，今天生活在新疆的俄罗斯族绝大多数是这批人的后代。

中华人民共和国成立后，将归化族改名为俄罗斯族。

俄罗斯人属欧罗巴人种，俗称白种人，其体质特征突出地表现为：色素浅，眼球呈棕色或蓝色，高鼻梁，侧面轮廓鲜明，薄唇，头发细软且波形发较多，身材较高，第三期毛发（胡须、腋毛等）中等发达。中国俄罗斯族因长期与邻近民族通婚，体质逐渐发生变化，有了黄种人的特征，思想意识和风俗习惯变化更大。有一位俄罗斯族老人说，她的俄罗斯血统只有二分之一，她的儿女们只有四分之一，第三代只剩下八分之一，他们骨子里已经完全中国化了，早晚有一天，在中华民族大家庭中，中国俄罗斯族只会剩下一个民族称呼。

>>>寻踪觅迹

室韦俄罗斯族自治乡 位于内蒙古额尔古纳市，是我国唯一的俄罗斯民族乡，是以华俄后裔为主体的中国俄罗斯族聚集地，较为完好地保留着俄罗斯的文化和生活习俗。同时，室韦还是蒙古族的发祥地，保存有大小古城遗址十余座。

新疆伊宁市 该市阿合买提江路聚居着几十户俄罗斯族居民，他们保持着浓郁的民族文化传统和生活习惯。

91. "马背民族"蒙古族

在中国北方的大草原上，曾经驰骋过众多的民族，乌桓、柔然、敕勒、回纥、鲜卑、匈奴、突厥、契丹、女真等都曾称雄一时，谱写过精彩的篇章，但又不可避免地消失在中华民族的历史长河中。只有蒙古族，延续了这些民族的基因，并最终成为大草原的主人。

中国历代汉族史书中称蒙古族先民为山戎、戎狄、匈奴、没骨、蒙兀、萌骨、忙都豁勒等，随着元朝的建立，"蒙古"正式成为族称并沿用至今。

"美丽的草原我的家。"千百年来，蒙古族逐水草而动，人随牲畜四时迁徙，过着游牧生活。这是保护草原的一种"文化生态样式"，使得草原的优良牧草能够生生不息，永不枯竭。游牧使蒙古族的生活离不开马。马是蒙古族重要的生产工具和生产对象，还是财富的来源和标志。蒙古族认为马是天上掉下来的神鸷（zhì），没有马，牧人就失去了神明——以此来表达他们对骏马的推崇和依赖。蒙古铁骑曾经席卷了整个欧亚大陆，蒙古族的分布也从中国北方草原迅速扩展到全国各地和亚洲东部、中

马头琴雕塑

马头琴是蒙古族最具特色的乐器，蒙古族地区经常可以见到马头琴造型的雕塑。

>>>小贴士

主要聚居地：内蒙古、新疆、青海、甘肃、黑龙江、吉林、辽宁。

人口：598.18万。

>>>阅读指南

留金锁著，浩斯巴特尔、包阿拉塔译：《蒙古族全史》。辽宁民族出版社，2011年7月。

王建华：《散居在祖国内地的蒙古族及后裔》。内蒙古人民出版社，2013年3月。

蒙古族姑娘

穿传统服装的蒙古族老者

部、西部以及欧洲部分地区。马为蒙古族赢得了震惊世界的荣耀，马文化与能征善战的蒙古族一起被载入了史册。

马文化渗透到蒙古族生活的方方面面：酸马奶是蒙古人的饮料；蒙古族每年一次的传统盛会——那达慕大会，最重要的一个项目就是赛马；蒙古族人最喜欢的乐器是马头琴……

随着历史的变迁和生态环境的改变，草原上的蒙古族人已转向定居，游牧成为了历史。当代许多蒙古族人不再从事畜牧业，有的则半农半牧，越来越多的人以汽车、摩托车代替马作为交通运输工具，"马背民族"正在谱写新的历史篇章。

蒙古族是个跨国民族。全世界蒙古族约有 1000 万人，其中一半以上居住在中国境内。蒙古族是蒙古国的主体民族，中国的蒙古族主要聚居在内蒙古自治区、新疆及邻近省份。

>>>寻踪觅迹

内蒙古自治区 蒙古族主要聚居地，位于中国北部，东西直线距离 2400 千米，南北跨度 1700 千米，横跨东北、华北、西北三大区，自然景观、人文景观和民族风情均丰富多彩。

蒙古族自治州（县） 全国共有三个蒙古族自治州和七个蒙古族自治县，分别是：新疆巴音郭楞州、博尔塔拉州和青海海西州；新疆和布克赛尔县，甘肃肃北县，青海河南县，吉林前郭尔罗斯县，黑龙江杜尔伯特县，辽宁喀喇沁左翼县和阜新县。

92. 跨越万里戍边的锡伯族

在中国，锡伯族人口最集中的地方有两个，一个是新疆，一个是辽宁沈阳。生活在东北的锡伯族已经失去了自己的民族语言、文字，淡化了自己的风俗习惯，而生活在新疆的锡伯族至今仍然完整地保留着自己的语言、文字以及风俗习惯和宗教信仰。为什么同一个民族会居住在相隔数千里、自然条件迥异的东北和西北呢？这要从清代锡伯族历史上发生过的一个悲壮事件说起。

清康熙、雍正、乾隆年间，清廷与蒙古准噶尔部等历经近70年的战争，才统一了天山南北。清朝在伊犁设立了将军衙门，对今新疆实施行政管辖，同时在当地设兵驻防、开渠屯田，加强防卫。为了弥补兵力的不足，乾隆二十九年（1764），清政府从东北各地抽调锡伯族官兵，让他们带上眷属，迁到新疆伊犁一带屯垦戍边。当年农历四月十八日那天，1000多名锡伯族官兵和他们的3000多家属，告别盛京（今沈阳）故土，义无反顾地踏上西迁的漫漫征程。在骨肉分离的那一刻，谁也没有想到，这一去就是200多年不复还！

西迁的路途艰苦并充满危险。锡伯族队伍分两批横穿北部边疆，于当年八月末抵达乌里雅苏台（今属蒙古国），此时的蒙古草原已是青草无存、寒气凌人，他们难以继续前进了。他们在乌里雅苏台扎营休整，准备等来年春季草木返青时再赶往伊犁。在乌里雅苏台期间，牲畜因长途乘骑、驾驮而疲惫、瘦弱不堪，

辽宁沈阳锡伯族西迁雕塑

锡伯族将祖先的善射传统保留至今并发扬光大

开春之时刚好又有瘟疫流行，由盛京起程时所带的 3036 头牛，先后倒毙了 2296 头，2020 匹马虽然死亡不多，但大多疲弱。他们向朝廷提出申请，从当地军队借了 500 匹马和 500 峰骆驼，每人带足四个月的口粮和一个月的茶叶，仍分两队，于 1765 年三月初十日起程，继续向伊犁进发。

锡伯族队伍走到科布多一带时，正值阿尔泰山积雪融化，河水猛涨，水深流急，不能行进，只好连日等待，可是水退无期，他们只得取道绕科齐斯山而行。这时不仅口粮所剩无几，由乌里雅苏台借的马和骆驼也倒毙甚多，他们陷入了粮食短缺、畜力不足、道路艰险、行军极度困难的困境。他们一边向伊犁将军衙门请求援助，一边采集野菜充饥，

并继续前进。六月，他们与前来接济的人马相遇了。

锡伯族西迁是在交通工具非常落后、道路险阻、气候多变的情况下进行的。清政府原规定他们三年内到达，但一心效命国家的锡伯族军民冒酷暑，顶严寒，风餐露宿，日夜兼程，以顽强的毅力西进。1765 年七月底，他们行程万余里，提前到达目的地——伊犁，仅用了一年零三个月。

后来，锡伯族把每年的农历四月十

>>>阅读指南

贺灵：《中国锡伯族》。宁夏人民出版社，2012 年 5 月。

吴元丰、赵志强：《锡伯族历史探究》。辽宁民族出版社，2008 年 5 月。

贝伦舞雕塑

贝伦舞是锡伯族民间最为盛行的一种舞蹈，一般为男女双人跳，动作主要体现在上肢，节奏明快，舞姿优美。

锡伯族女子传统服饰

八日定为西迁节，留在东北各地的锡伯族人，在这一天里怀念远去的父老姐妹，而迁到新疆的锡伯族人，则更是思念东北故土。两百多年来，每年西迁节这一天，锡伯族男女老少都要穿上盛装，举行野炊、赛马、射箭、比武、唱歌、跳舞等各式各样的纪念活动。年轻人还要骑马野游，妇女和老年人则三五成群地到野外踏青。

锡伯族起源于东北，是古代鲜卑人的后裔。鲜卑最初游牧于大兴安岭东麓，以放牧、狩猎、捕鱼为生。"锡伯"为本民族的自称，历史上有须卜、室韦、失比、西伯、锡伯、席北、史伯、锡窝等音译的汉文写法，直到明末清初才定型为"锡伯"。

>>>小贴士

　　主要聚居地：新疆察布查尔锡伯族自治县、辽宁沈阳市。

　　人口：19.05 万。

>>>寻踪觅迹

　　新疆察布查尔县　全国唯一的锡伯族自治县，是我国锡伯族文化保存最完整、最集中、最有代表性的地区，锡伯族的风俗习惯、语言、建筑、服饰，以及舞蹈、音乐、艺术等，均得到了完整延续和保留，并在语言、戏曲、音乐艺术等方面有所创造和发展。有图公纪念馆、靖远寺、西迁历史纪念馆、中华弓箭文化博物馆等相关人文景观。

　　辽宁沈阳锡伯族家庙　又称为太平寺，位于沈阳皇寺路，始建于康熙四十六年（1707），是锡伯族祭祀祖先的圣地，设有专题展厅介绍锡伯族的历史和文化。

93. 从"满洲"到"满族"

吉林省吉林市小白山乡段吉村满族杨肇家族举行传统祭祖仪式

1644年，崛起于中国东北的女真后裔满洲大军挥师进入山海关，推翻了明朝，并统一了中国。清朝疆域东临大海，南及曾母暗沙，西达葱岭（今帕米尔高原），西北至巴尔喀什湖，北跨大漠，东北连接外兴安岭，奠定了今天中国版图

>>>小贴士
主要聚居地：辽宁新宾、清原、岫岩、桓仁、本溪、宽甸满族自治县，河北青龙、丰宁、宽城满族自治县，吉林伊通满族自治县，河北围场满族蒙古族自治县，辽宁凤城市、北镇市。
人口：1038.8万。

的基础。清朝是个统一的多民族国家，曾经是中国历史上最强盛的王朝之一。

清朝的建立者就是今天满族的先人。满族祖先自古就居住在中国东北的白山黑水间，他们就是先秦的肃慎、两汉魏晋的挹娄、南北朝的勿吉和隋唐的靺鞨等。由靺鞨发展而来的女真族建立的金政权，曾灭辽朝和北宋，入主中原。进入中原的女真人迅速汉化，并随着金朝的灭亡而被其他民族融合。留居东北地区的女真人，有珠申、满洲、哈达、乌拉、叶赫、辉发等多种称谓，他们是满族的直系祖先。

1635年，后金皇帝皇太极决定废除珠申等称呼，将族称统一为"满洲"。满洲在满语中是吉祥的意思。乾隆四十二年（1777），清朝下令编纂《钦定满洲源流考》，再一次规定满洲为族名。清朝时期，满洲一直作为民族的名称，同汉、蒙古、回、藏等并用。

满族驯鹰

满族有驯养猎鹰的传统。鹰是满族神鸟，满族先民把猎鹰叫作海东青，意为"从大海之东飞来的青色之鹰"。

辛亥革命推翻清朝后，满洲受到歧视，于是将名称改为满族。中华人民共和国成立后，继续沿用满族这一称谓。

清代至民国，非满族人曾用"满清"称呼清政府和清朝统治者，带有强烈的排满情绪。为了增进民族团结，1956年2月，国务院颁发通知，规定今后除了引用历史文献不便改动之外，各种文件和书、报、杂志行文中，一律不用"满清"这个名称。

清朝统治中国近300年，在开疆拓土和保家卫国的过程中，满族人从中国东北出发，走向全国各地，因此形成了大分散、小聚居的特点。现在，全国30多个省级行政区都有满族居住，满族是五个人口超过千万的民族之一，全国有11个满族自治县和300余个满族民族乡镇。

由于分布广泛，互相影响，彼此融合，散居或杂居的满族与其他民族早已"你中有我、我中有你"了。

>>>阅读指南

都业娟主编：《满族》。新疆美术摄影出版社、新疆电子音像出版社，2010年3月。

徐淦生：《满族人的那些事儿》。中国文联出版社，2012年2月。

>>>寻踪觅迹

满族自治县市　辽宁、河北、吉林各满族自治县市是满族文化的代表，满族风情各具特色。此外，全国各地满族聚居区也有反映满族历史和文化的文物和人文景观。

94. 曲棍球骄子达斡尔族

摔马跤

达斡尔族民间传统体育项目，模仿古代战场上双方骑马对阵和战车上阵的情形，有二人马跤和四人马跤两种，二人马跤表现敌我双方的单骑独斗，四人马跤则表现战车对阵交战。

现代曲棍球运动被认为是 19 世纪初起源于英国，并在 1908 年伦敦奥运会首次成为正式比赛项目。实际上，中国达斡尔族民间类似曲棍球的"贝阔"早就是一项历史悠久的传统体育项目，辽代时，曲棍球已发展成为达斡尔族先民契丹人不可缺少的体育活动了。

达斡尔族民间贝阔的球棍，柄长约

>>>小贴士
主要聚居地：内蒙古莫力达瓦达斡尔族自治旗、鄂温克族自治旗、扎兰屯市、阿荣旗、黑龙江齐齐哈尔市，新疆塔城市。
人口：13.2 万人。

1 米，多用下端弯曲的细柞（zuò）木制成，球用杏树根或毛毡做成，大小与网球相似。贝阔原始的打法无射门之说，双方各划一界线，打过界线就算赢了。正式比赛时，在相距 50 米远的场地两端各设营门，球击入营门算获胜。每逢年节或喜庆日子，达斡尔人都举行贝阔比赛，无论是身强力壮的青少年还是两鬓斑白的老人，都要挥杆上阵鏖战一番。

达斡尔人还喜欢在夜间进行火球比赛。火球用桦树上的白菌疙瘩制作，球体抠空后放入松明等易燃物，或用毛毡球浸沾油等易燃物。开球时将球点燃，使其借助风力燃成小火球。随着双方队员的激烈拼搏，火球在夜空中穿梭往返，划出一道道绚丽的弧线，颇为壮观。

"达斡尔"是达斡尔族自称，由于音译不同，曾有过达胡尔、达呼尔、达古

达斡尔族民居

达斡尔族传统住房多以松木或桦木栋梁为房架，土坯为墙，顶苫房草，院落经常围着篱笆。

尔等不同写法。达斡尔之名最早见于元末明初，意为原来的地方，也就是故乡的意思。根据文献记载、传说以及对达斡尔族语言、地理分布、生活习俗的研究并应用现代 DNA 技术，证明达斡尔族与古代契丹人有渊源关系，自称达斡尔，据说就是对先人建立的"辽国"和"长国"的怀念。

达斡尔族主要分布在内蒙古和黑龙江齐齐哈尔地区，少数居住在新疆塔城市。这个分布格局是 17 世纪中叶之后形成的。在此以前，达斡尔人分布于外兴安岭以南精奇里江河谷与东起牛满江（都在今俄罗斯境内）、西至石勒喀河的黑龙江北岸河谷地带。17 世纪中叶，沙俄入侵黑龙江流域，江北达斡尔、鄂伦春、鄂温克等族人民受到野蛮掠夺与屠杀，被迫内迁。达斡尔族最初多数迁至嫩江流域，后来清政府征调达斡尔族青壮年驻防东北和西北边境，有一部分达斡尔人才徙居内蒙古和新疆。

达斡尔族人素以勇敢善战著称，他们曾经英勇抗击沙俄侵略者，受到清政府的表彰。在清朝统治的两百多年间，曾多次征调达斡尔人戍边，他们为保卫祖国立下了赫赫战功。

>>>阅读指南

　　袁琳瑛主编：《达斡尔族》。新疆美术摄影出版社、新疆电子音像出版社，2010 年 3 月。

　　孟松林、石映照：《达斡尔密码》。新世界出版社，2010 年 1 月。

>>>寻踪觅迹

内蒙古莫力达瓦旗 达斡尔族聚居地之一，有"大豆之乡"、"曲棍球之乡"、"歌舞之乡"的美誉，有达斡尔民族园、达斡尔民族博物馆、萨满文化博物馆、库木勒节等相关人文景观和民俗活动。

黑龙江齐齐哈尔市 达斡尔族聚居地之一。梅里斯区是一个城市民族区，有两个达斡尔族乡镇和 19 个民族村；富拉尔基区的罕伯岱村被称为"中华达族第一村"；龙江县和富裕县也有达斡尔族居住。

95. 会做鱼皮衣的赫哲族

穿鱼皮衣的赫哲人

乌苏里江（来）长又长，蓝蓝的江水起波浪，赫哲人撒开千张网，船儿满江鱼满舱……

这首广为流传的《乌苏里船歌》，唱的就是赫哲人的生活。赫哲族祖祖辈辈生活在黑龙江、松花江、乌苏里江沿岸，这里山清水秀，河汉纵横，为渔猎经济提供了便利的自然环境。过去民间所说"棒打狍子瓢舀鱼，野鸡飞到饭锅里"，也是对赫哲人生活的形象描绘。

赫哲人捕鱼、吃鱼，尤其喜爱吃生鱼，这一习俗沿袭至今。每当贵客来临，赫哲人都要用生鱼招待。从鱼皮、鱼子到鱼肉、鱼脆骨，都有生吃的妙法，最有名的就是拌菜生鱼。其做法是将活鱼肉剔下切成丝，拌上野生的姜、葱、野辣椒，加上醋和盐即可食用。没有醋时，把野樱桃捣成浆汁拌鱼丝，也别具风味。这道名菜还有一番来历。传说以前有个刚过门的新媳妇，聪明美丽，啥也难不倒她。有一天，老公公给她出了一道难题，让她做出看上去是生的而吃起来却是熟的鱼。她二话没说，挑了两条新鲜鲤鱼，剔下鱼肉，切成鱼丝，

>>>阅读指南

孙玉民、孙俊梅：《中国赫哲族》。宁夏人民出版社，2012年5月。

王世卿、王积信、吕品：《赫哲鱼文化》。黑龙江教育出版社，2011年5月。

赫哲族男子

赫哲族萨满舞

泡在醋里；再把鱼皮放在火上烤后抖落鱼鳞，鱼皮烤得焦黄脆香；最后，把鱼皮也切成细丝，与鱼肉混合，加上佐料一搅拌，一大盆生鱼就做好了。老人家一吃，连连夸好。新媳妇发明的拌菜生鱼就流传了下来。赫哲人冬季吃生鱼又是另外一番风味：先将冻鱼的皮用刀削掉，把鱼肉削成薄如刨花的鱼片，拌上土豆丝，加上调料食用，又香又脆，是赫哲人下酒的佳肴。

赫哲族是一个历史悠久的民族。先秦时期的肃慎、汉魏的挹娄、南北朝的勿吉、隋唐的靺鞨是赫哲人的祖先。清代称之为黑斤、赫哲哈喇，清朝初年第一次出现"赫哲族"的名称。赫哲人自称那乃、那贝、那尼敖，意为当地人、本地人。中华人民共和国成立后，统一族名为赫哲族，意为居住在东方及下游的人们。

清代《皇清职贡图》中的赫哲族先民之一——费雅喀人形象

乌日贡祭祀圣水仪式

乌日贡是赫哲族集民间文化、体育等活动为一体的节日盛会，一般在农历五六月举行，历时两三天。

在中华人民共和国成立之前，赫哲族一直居住在由黑龙江、松花江和乌苏里江构成的东北三江平原，以渔猎为生，穿鱼皮衣，有犬相伴，因此赫哲先民曾被称为"鱼皮部"和"使犬部"。

用鱼皮做衣服是赫哲族妇女的一大特长。用大马哈鱼皮缝制的鱼皮服装做工考究，款式古朴大方。

在渔猎为生的年代，赫哲人的生活还离不开狗。狗不仅是他们打猎的好帮手，狗拉雪橇还是赫哲人主要的交通工具，每只经过训练的狗可拉几十千克东西，日行一二百千米。

近几十年来，随着生态环境的变化，山中无野兽了，河里的鱼也越来越少了，在政府的引导下，赫哲人走向了农耕之路，现在旅游业逐步兴盛，赫哲人生活方式和生产方式都发生了本质的变化。

赫哲是个跨国民族，在俄罗斯境内被称为那乃人。

>>>寻踪觅迹

赫哲族乡村 主要有黑龙江同江市街津口赫哲族乡、八岔赫哲族乡，饶河县四排赫哲族乡和佳木斯市敖其镇敖其村。

96. 最后的狩猎部落鄂温克族

2003年8月10日，对于一个民族而言是具有历史意义的一天：内蒙古根河市敖鲁古雅乡的鄂温克猎民和他们那俗名为"四不像"的驯鹿，被人民政府工作队用汽车拉到了根河市区西郊的西乌契亚河畔。在此之前，这些鄂温克猎民长年居住在大兴安岭林海雪原深处，以打猎和饲养驯鹿为生，被称为中国"最后的狩猎部落"。

迁移，对于一个狩猎民族来说，本是一件十分平常的事，但这一次，鄂温克人要永远地放下手中的猎枪，结束世世代代的游猎生活。怀着对现代文明的新奇、憧憬和几分陌生，他们带着心爱的伙伴——驯鹿向大山挥手告别，也彻底告别了高高的兴安岭。

敖鲁古雅鄂温克民族乡位于大兴安岭原始森林腹地，1965年，敖鲁古雅乡鄂温克猎民从中俄边境额尔古纳河畔迁居于此，到2003年，他们仍保留着

撮罗子

又称斜仁柱，是鄂伦春、鄂温克、赫哲等东北狩猎民族的一种传统民居。其建造方法是用三五根碗口粗、上有枝杈的木杆，相互交合搭成上聚下开的骨架，再用30根左右的木杆搭在骨架之间捆绑固定，构成屋架，然后在外面覆盖能遮风挡雨的围子。按照季节的不同，围子分别用桦树皮、草帘子或犴、狍等兽皮，自上而下一层压一层，绑在木杆上。

狩猎、放牧驯鹿的生产和生活方式。随着生态环境的日益恶化，林间可猎物锐减，不仅猎民的生活水平难以提高，和他们亲密相处的驯鹿也面临着生存问题。由于鄂温克猎民的驯养方式还处于原始

状态，造成驯鹿种群退化，驯养规模停滞不前甚至负增长。人民政府决定对鄂温克猎民实施生态移民，将敖鲁古雅乡迁至根河市西郊。这里四周丛林密布，景色怡人，不仅猎民生活方便，也有利于发展民族旅游业。"最后的狩猎部落"终于走出森林，开始了新的生活。

鄂温克人的祖先原来居住在贝加尔湖东北和黑龙江上游石勒哈河一带（今属俄罗斯），以渔猎为生。鄂温克族与北魏时期的室韦以及唐朝的鞠部，有着密切的族源关系。驯鹿是古代鄂温克猎民的主要射猎对象，后来被驯化为运输工具，并进行养殖，成为鄂温克人的经济来源之一。

鄂温克人随着游猎逐渐向东迁移，

清代鄂温克首领的官印

鄂温克人和驯鹿

鄂温克人的新居

到达黑龙江中游地区，生活方式也发生了改变，有的从事畜牧业，有的从事农业，有的半农半猎。只有居住在敖鲁古雅的鄂温克人还从事传统的狩猎业，他们也是中国唯一饲养驯鹿的民族。

鄂温克人祖祖辈辈都自称鄂温克，意思是住在大山林中的人们。历史上其他民族对鄂温克的称谓有索伦、通古斯、雅库特等。1957年，根据鄂温克人的意愿，以他们的自称作为民族的正式名称。

>>> 阅读指南

《鄂温克族社会历史调查》。民族出版社，2009年7月。

黄任远、那晓波：《鄂温克族》。辽宁民族出版社，2012年1月。

>>> 小贴士

主要聚居地：内蒙古鄂温克自治旗及其周围地区，黑龙江讷河市。

人口：3.09万。

>>> 寻踪觅迹

内蒙古鄂温克自治旗 是鄂温克、蒙古、达斡尔等多民族聚居区。鄂温克族婚葬、服饰、饮食、礼节、居所、节庆、歌舞、禁忌等方面还保留着鲜明的历史传统，有传统节日鄂温克瑟宾节、草原部落德仁夏营地、冬季那达慕等相关民俗活动，建有鄂温克博物馆。

敖鲁古雅鄂温克族乡 位于内蒙古根河市，被称为"驯鹿之乡"，这里的鄂温克族人一直保持着饲养驯鹿的传统。

97. 曾经濒于灭绝的鄂伦春族

1957年5月，内蒙古东北少数民族社会历史调查组鄂伦春分组的成员，前往内蒙古鄂伦春自治旗托扎敏努图克（今托扎敏镇）开展调查工作。他们从鄂伦春自治旗人民政府驻地小二沟出发，经过8天风餐露宿，走了130千米，到达鄂伦春族的一个居住地。呈现在他们面前的是一幅古老的活画卷：鄂伦春人穿着兽皮服装，用的是桦树皮制品，住的是简陋的"斜仁柱"，吃的是狍或鹿的肉和生肝，清晨随时可以听到狩猎的枪声，入夜常闻萨满（巫师）深沉的击鼓声……

高高的兴安岭一片大森林，
森林里住着勇敢的鄂伦春。
一呀一匹猎马，一呀一杆枪，
獐狍野鹿漫山遍野打也打不尽。
……

这首深情豪迈的歌，是鄂伦春人千百年生活方式的真实写照。

鄂伦春是我国古老的民族之一，原来居住在外兴安岭以东、黑龙江以北至库页岛的广袤土地上。17世纪40年代，沙俄侵入鄂伦春人居住区，大部分鄂伦春人不得不迁移到黑龙江南岸的大小兴安岭一带。鄂伦春人世代追逐野兽、迁

鄂伦春少年的传统体育项目——拉杠子

鄂伦春桦树皮制品

徙游猎，外加采集为生。艰难的处境，使生活往往得不到保障，加上鄂伦春习俗规定妇女不能在家分娩，不论冬夏都必须另搭更为简陋的产房生产，常常导致婴儿冻死，妇女患病并失去生育能力。同时，有病得不到治疗，死亡率增加，也导致人口急剧下降。到1945年抗日战争胜利时，黑龙江省的鄂伦春族仅剩下约1000人，整个民族濒于灭绝的边缘。

中华人民共和国成立后，为了挽救濒临灭绝的鄂伦春族，从根本上改变其原始落后的贫困状态，各地政府根据鄂伦春族游猎生产的特点，组织成立了鄂伦春族护林队，凡年满18周岁的鄂伦春男性公民，都成为护林队员，发给护林补助费，后来以工资的形式固定下来。对非护林员，无论男女老少，每人每年也给一些米面、油盐和布匹等生活用品。政府还免费为鄂伦春猎民更换猎枪，提供足够的弹药，同时发展学校教育，改善鄂伦春人的医疗条件等。

从1952年开始，由国家出资补助、群众出工出力建立了十个鄂伦春族定居点。1953年国庆节期间，黑龙江省的鄂伦春族绝大部分搬进了土木结构的新居，由游猎到定居，实现了具有历史意义的转折。绿树成荫的兴安岭上出现了电灯通明的新城镇，整齐明亮的大瓦房和学校、商店等代替了昔日的"仙人柱"，公路、铁路也通向鄂伦春的一些新城镇。鄂伦春人相继兴建了养鹿、养猪、养牛、

>>>小贴士
　　主要聚居地：内蒙古鄂伦春自治旗、布特哈旗、莫力达瓦达斡尔族自治旗，黑龙江呼玛县、爱辉县、逊克县、嘉荫县。
　　人口：0.87万。

>>>阅读指南
　　王为华：《鄂伦春族》。辽宁民族出版社，2012年1月。
　　关小云、王再祥：《中国鄂伦春族》。宁夏人民出版社，2012年5月。

鄂伦春族猎人

养蜂场，还学会了使用多种农业机械进行农田耕作。随着生活条件的改善，鄂伦春族的人口有了很大的发展，2010年第六次全国人口普查，中国境内的鄂伦春族人口为8659人。

鄂伦春族的祖先是古代的室韦，元代称之为"林中百姓"，明代泛指为"北山野人"。1956年和1957年，国家派调查队到鄂伦春地区调查时，许多老人说鄂伦春族在较早的年代使用过驯鹿，称驯鹿为俄伦，认为族称源于驯鹿，意为使用驯鹿的人。也有的老人认为，鄂伦春人称山岭为奥伦，"奥伦"和"鄂伦"两音基本相同，加之鄂伦春族近几百年已不使用驯鹿，早已淡忘了过去驯养驯鹿的事，因此用"山岭上的人"来解释他们的族称更合适。还有的老人说他们

的族称是清朝官员起的，他们归顺清朝，所以用"奥伦千"（满语归顺的意思）来称呼他们，"鄂伦春"是由"奥伦千"音变而来。

其他民族过去对鄂伦春族的称呼也有许多种，鄂温克人称之为鄂伦春、特格（住在河边的人）；赫哲族称之为鄂伦春或奇勒尔，奇勒尔是赫哲族的一个氏族，认为该氏族与鄂伦春族有族源关系；汉族称鄂伦春族为栖林、麒麟和索利。清朝官方文献对鄂伦春的称呼先后有俄尔吞、俄罗春、俄乐春、俄伦春、鄂伦春等。1953年，根据鄂伦春人的意愿，以鄂伦春作为族名。

>>>寻踪觅迹

内蒙古鄂伦春自治旗 居住着鄂伦春、蒙古、回、满、朝鲜、达斡尔、俄罗斯、锡伯、鄂温克等21个民族。有鄂伦春猎民村、民俗村、篝火节、古伦木沓节等相关人文景观和民俗活动，并建有鄂伦春博物馆。

黑龙江省鄂伦春民族乡 主要有逊克县新鄂鄂伦春民族乡和新兴鄂伦春民族乡、塔河县十八站鄂伦春民族乡、呼玛县白银纳鄂伦春民族乡。此外，漠河县北极村建有鄂伦春民族博物馆。

98. 尊敬老人的朝鲜族

一家人欢聚一堂，祝妈妈花甲大寿，
欢歌笑语喜气洋洋，暖流涌上心头。
啊！妈妈呀，祝您长寿，祝您长寿，
儿子儿媳摆花甲盛宴，敬酒祝您长寿。

您为儿女费尽心血，儿女们记在心头，
祝福您老晚年过得好，敬您这杯美酒。
啊！妈妈呀，祝您长寿，祝您长寿，
闺女姑爷向您祝福，敬酒祝您长寿。

您养大孙子孙女，他们向您拜寿，
翩翩跳起欢乐的舞蹈，祝您幸福长久。
啊！妈妈呀，祝您长寿，祝您长寿，
孙子孙女站在您面前，敬礼祝您长寿。

这是朝鲜族子女为母亲60岁生日举办隆重的花甲寿宴时集体唱的歌。如果是父亲过60岁生日，则唱《爸爸，祝您长寿》。

朝鲜族把尊敬老人看作家庭和社会重要的道德准则。青少年对长辈必须使用敬语尊称；当着老人的面不许吸烟饮酒，非喝酒不可的，只能侧着身子喝，忌向老人借火或对火点烟；在老人面前不准说粗话；吃饭时要先给老人和长辈盛饭上菜，并为老人和宾客单设席桌，老人不动筷，晚辈不得先吃；与老人出门同路时，不得走在老人的前面，有急事赶路，要向老人说明原因，征得同意

朝鲜族传统民居

鼓在朝鲜族文化活动中占有重要地位

朝鲜族长鼓舞

>>>小贴士

主要聚居地：吉林延边朝鲜族自治州、长白朝鲜族自治县。

人口：183.09万。

方可超前；路遇长者，不论是否认识，都要向其致礼、问安、让路。

朝鲜族家庭很重视老人的花甲寿辰，要操办"花甲宴席"。寿星身穿新衣，坐于上席正中，儿女、近亲子孙及其配偶，按先男后女、长幼之序，向老人行跪拜大礼，并敬酒感谢老人的养育之恩，祝福老人健康长寿。为老人举办回婚节（结婚60周年纪念）时，亲朋好友都要来祝贺。一对老人穿上年轻时的结婚礼服，相互搀扶着入席，大家频频举杯祝福，与年轻人的婚礼一样热闹隆重。

朝鲜族主要居住在朝鲜半岛的朝鲜、韩国以及中国、俄罗斯远东地区。现代朝鲜族主要是由古代的濊貊（Wèimò）和"三韩"（马韩、辰韩、弁韩）融合其他民族发展而来的。其中濊貊分布在中国东北至朝鲜半岛中北部的广大地区，古朝鲜国居民、夫余人、沃沮人等都属于濊貊族系，"三韩"则分布在朝鲜半岛的中南部。

当代中国的朝鲜族是由近现代历史上来自朝鲜半岛的移民，经过一个复杂漫长的过程而形成的具有中国特点的民族。

从 19 世纪中叶到中华人民共和国成立大约 100 年的时间内，朝鲜半岛往中国境内（主要是东北地区）的移民，主要有三个高潮阶段。

从 1677 年开始，清朝统治者为了保护自己的"龙兴之地"（发祥地），对长白山、鸭绿江和图们江以北 500 多千米的地区实施封禁政策，是不允许朝鲜居民入境的。但是，18 世纪初，还是有一些受自然灾害影响和不堪朝鲜封建统治者残酷剥削的朝鲜人携家眷、牵牛马偷偷潜入

朝鲜族顶罐舞

朝鲜族长袖舞

>>>阅读指南

孙春日：《中国朝鲜族移民史》。中华书局，2009 年 8 月。

太平武：《中国朝鲜族》。宁夏人民出版社，2012 年 5 月。

朝鲜族扇子舞

中国东北谋生。特别是 1869 年，朝鲜北部发生大旱灾，灾民们苦熬不过，纷纷冒禁越过鸭绿江和图们江，逃荒进入中国境内，在两江沿岸一带开垦，与汉、满等族人民杂居共处。后来，清政府废除了延续 200 多年的封禁令，并将图们江北岸长约 350 千米、宽约 25 千米的地区划为朝鲜族农民专垦区，使更多朝鲜人进入东北定居。1881 年，清政府对迁入中国的朝鲜垦民实行"归化入籍"政策，对接受中国政府管理的朝鲜垦民实行户口编甲，熟地升科纳租，许多朝鲜垦民加入中国国籍。

1910 年，日本强迫朝鲜签订《日韩合并条约》，把朝鲜沦为日本的殖民地，此后朝鲜各个阶层向中国的移民形成了前所未有的高潮。当时日本的调查资料显示，到 1929 年末，迁入中国东北的朝鲜人近 62 万，实际上远不止这个数目。

1931 年"九一八"事变后，日本侵占中国东北，采取了极其险恶的"以鲜治华"策略，制定"朝鲜人移民计划"，将大批朝鲜人强制移居东北各地。有资料记载，到 1945 年东北光复前，居住在东北的朝鲜人共有 300 万之多。

在 300 多年的漫长迁移过程中，朝鲜移民和中国各族人民同风雨、共患难，参与并为中华民族的独立和解放事业作出了贡献，同时也在中国土地上永久扎根、繁衍。1949 年，中国人民政治协商会议通过的《共同纲领》在法律上确定中国朝鲜族为中华民族大家庭的一员。

>>>寻踪觅迹

吉林延边朝鲜族自治州　中国朝鲜族主要聚居地。延边博物馆收藏有大量朝鲜族文物；首府延吉市是朝鲜族文化的代表地；安图县红旗村有"中国朝鲜族第一村"之称；龙井市有保存完整的朝鲜族民俗文化。

吉林长白县　中国唯一的朝鲜族自治县，现每年都举办长白民俗文化旅游节。

99. "山客人" ——畲族

如果你到畲乡参加畲族人的婚礼，就会发现，畲族妇女不论老少都把自己装扮成凤凰的模样，新娘子的凤凰装尤其引人注目：发髻盘于头顶成截筒高帽式，佩银制凤冠，红头绳高高扎起头髻，象征凤凰头；衣领、衣边和两袖，均绣以较宽的图案花边，有桃红、大红、明黄等颜色，象征凤凰的颈、腰和翅膀；腰间系着较宽的织锦花带，并缀以金边和丝絮，象征凤尾。整体装束色彩绚丽、端庄、红火，行走起来，婀娜多姿，美如凤凰。

畲族女子的"凤凰装"根据年龄的不同，分为小、大、老三种。小凤凰装为未成年女子穿着，样式和穿法与大凤凰装大抵相同，只是相对简约，显得单纯、活泼、可爱；老凤凰装是老年妇女的穿着，头髻较低，衣服和腰带的颜色、花纹较为单一，体现出庄重、沉稳的风采。

畲族妇女把自己装扮成凤凰有一个传说。相传畲族始祖盘瓠率领族人到处征战，当他们来到今天广东的凤凰山时，觉得这里土地肥沃，气候宜人，就定居下来。他们以传说中美丽的凤凰为本族的标志，妇女均着凤凰装，世代相传，沿袭至今。

凤凰和凤凰山在畲族人心目中享有崇高的地位。畲族妇女的头髻叫"凤头

畲族女子凤凰装

>>>小贴士
主要聚居地：福建、浙江、江西、广东、安徽。
人口：70.87万人。

髻"，衣饰花纹叫"凤挑"，花鞋上有"凤尾纹"，全身装束叫"凤凰装"。每逢喜庆节日，畲民都要庄重地在居屋正厅的壁上或梁上贴上"凤凰来仪"、"凤凰至此"的字条或"凤凰朝阳"的图画。畲民日常生活中还有饮"凤凰茶"的习俗：以艾叶垫底，上放一只生鸡蛋，用烧得滚烫的山泉水浇熟，沏出"艾蛋茶"。男人办大事、干重活，或身有小恙时必饮此茶，据说可祛痧、解毒、避邪气、进补，所以"奉蛋茶"也是迎宾待客的上等礼节。

畲族的族源说法不一，主张畲、瑶同源于汉晋时代武陵蛮（五溪蛮）的比较普遍。隋唐之际，畲族就已居住

畲族女人

>>>阅读指南

《畲族简史》。民族出版社，2008 年 5 月。

雷弯山：《畲族风情》。福建人民出版社，2002 年 6 月。

畲族银饰

清代《皇清职贡图》中的福建畲民形象

在闽、粤、赣三省交界的山区，宋代才陆续向闽中、闽北一带迁徙，约在明、清时开始大量出现于闽东、浙南等地山区。现在畲族90%以上居住在福建、浙江山区，其余散居在江西、广东、安徽境内，他们自称山哈。"哈"在畲语中意为客，"山哈"就是居住在山里的客人，意即他们是外来的，但这个名称史书没有记载。

畲族没有人称自己为畲。唐代，居住在闽、粤、赣三省交界地区包括畲族先民在内的少数民族被泛称为蛮、蛮僚、峒蛮或峒僚。南宋末年，史书上开始出现"畲民"的记载。"畲"这一称谓源于汉族文人，称畲民为"畲客"，本无恶意，是刀耕火种的客人之意。

1953年，国家派调查组到浙江、福建、广东等地进行民族识别，确认畲是一个独立的民族，并根据历史传统，定族称为畲。1956年10月，在浙江杭州召开畲族代表座谈会，与会代表一致同意族称定为畲族。

>>>寻踪觅迹

浙江景宁县 中国唯一的畲族自治县，有独一无二的畲族风情和清新怡人的自然生态，建有畲族民俗陈列馆。

上金贝畲族村 位于福建宁德市蕉城区，居住着80多户畲民，完好地保留着畲族的传统文化。

100. 台湾的少数民族叫什么名称

清朝《番社采风图》之《乘屋》

描绘清代台湾高山族平埔人建房的情景。可以看出他们的房屋是"编竹片做墙壁，结茅草为屋顶"。

中华人民共和国成立之后，在 1953 年的全国人口普查中，国务院正式采用并公布了高山族这一名称，并沿用至今。海内外不少中国人误以为高山族之称是"大陆方面"或中共对台湾少数民族的特有称呼，事实并非如此。

台湾的少数民族，直到宋代一般都被称为东夷、山夷，明代对台湾少数民族的称呼从"夷"转变为"番"。清朝统一台湾后，清政府的官方文件和私人著作均称台湾少数民族为土番，并根据其

>>>小贴士

主要聚居地：台湾省花莲县、台东县、屏东县。

人口：50.4 万（其中台湾约 50 万）。

居住地和社会发展程度的不同，将其分为熟番、生番或野番等。

1895年至1945年，台湾被日本侵占。日占初期，仍用番族旧称，只把"番"改为"蕃"。后来，日本侵略者发现台湾岛上风光秀丽，景色宜人，特别是白色的沙滩和连绵的青松，与日本播州海滨的高砂十分相似，因此就称台湾为高砂，并正式称台湾少数民族为高砂族，其侵略意图昭然若揭。

1945年，台湾重新回到祖国怀抱。10月25日，台湾地区日军投降仪式在台北公会堂举行，台北40万市民举行盛大的庆祝活动，全岛汉族和少数民族同胞载歌载舞，沉浸在台湾回归祖国的巨大幸福之中。在报道这一中华民族盛事的时候，在台湾少数民族的称呼上，没有人愿意沿用日本殖民者使用的名称。经多方商讨，最后决定采用高山族这个新名称，一方面是为了否定日本侵略者使用的具有殖民主义色彩的蕃族和高砂族，另一方面是台湾岛上有62座海拔300米以上的高山，称得上是一个美丽的"高山之岛"，自古居住在这个岛上的少数民族最有资格冠以

阿美人丰年祭

即阿美人过年。时间为一天至七天不等，各村自发组织，约在七月中旬至九月初举行。阿美人是高山族第一大族群，主要分布在台湾东南部山区和东海岸平原，以花莲县、台东县和屏东县最多。

排湾人

高山族第二大族群，主要分布在台湾南部的高雄县（市）、屏东县、台东县。

"高山"这一高尚而坚韧的名称。高山族这一族称在1945年台湾光复之后，曾经一度被普遍采用。中华人民共和国成立

布农人
高山族第四大族群，主要居住在花莲县、高雄市至台东县的山区。

之后也沿用这一称呼，作为台湾少数民族的正式族称。

20世纪50年代初，在台湾出现了以"山地同胞"（简称"山胞"）来称呼台湾少数民族。20世纪中期，台湾岛内越来越多的专家学者通过对台湾少数民族的语言、分布和固有文化差异的进一步研究，提出了台湾少数民族不是一个民族的观点，台湾有九个少数民族的"九族分类法"被认同。1994年8月，台湾当局的"宪法"增修条文改称"山胞"为"原住民"，并成立了"原住民事务委员会"，随后陆续把原住民划分为阿美、排湾、泰雅、布农、太鲁阁、鲁凯、卑南、邹、赛德克、赛夏、雅美、撒奇莱雅、噶玛兰、邵等14个族群。

对于台湾少数民族是单一民族还是不同的民族存在不同的意见，但是，不管是单一民族还是多个民族，台湾的少数民族都是中华民族大家庭不可分割的成员，这是不可辩驳的历史事实。

>>>阅读指南

《高山族简史》。民族出版社，2009年6月。

叶兴建：《台湾高山族》。福建教育出版社，2011年5月。

>>>寻踪觅迹

台湾 花莲县、台东县、屏东县是高山族主要聚居地，有众多相关的人文风情。

福建华安县 是祖国大陆高山族最集中的县，主要分布在沙建、仙都、华丰的七个行政村。

101. "世界之最"汉族

在世界民族之林中，如果要论"世界之最"，非汉族莫属。汉族是中国的主体民族，也是世界上最大的民族。2010年全国人口普查，中国内地（不含香港、澳门和台湾）汉族人口达12.21亿，约占世界总人口的17%。

汉族是一个历史悠久并且从未中断过的民族。从中国第一个王朝夏朝建立并形成夏族算起，汉族可考的历史至少有四千年，如果追溯到传说中的始祖炎黄部落时期，那就更为久远了。

汉族的族源是多元的，就如同涓涓细流汇成大江大河一般。远古时期居住在黄河流域的炎帝部落和黄帝部落、居住在黄河中游和下游广大地区包括淮河流域在内的东夷集团（蚩尤、帝俊、徐夷、莱夷、淮夷等）是汉族的主要来源。此外，川东及鄂、湘、赣、皖等沿长江流域苗蛮集团的某些氏族和部落，后来发展成为楚民族，是汉族的支源之一。在春秋战国时期的民族大融合中，大部分戎、狄通过被晋、秦征服而成为汉族

福建客家土楼
客家是一个影响深远的汉族民系。据不完全统计，中国境内客家人口达5000万以上，主要分布在广东、江西、广西、福建、四川、台湾、湖南、海南、浙江、香港、澳门等地。国外客属人口约1200万人，分布在80多个国家和地区。围龙屋（土楼）是客家代表性的传统民居。

生活在闽江上的疍（dàn）家

也称疍民或连家船民，是汉族的一个特殊支系，主要生活在珠江三角洲、粤西沿海、闽东沿海和闽江流域等地，终生漂泊在江、河、湖、海上，以船为家。近年来，各地政府采取措施，帮助疍民上岸定居，疍家支系正在消失。

的一部分。活跃于长江下游东南沿海以及岭南一带的百越中，南越、东越、闽越在西汉时也逐渐融合到汉族之中。可见，戎狄和百越也是汉族的支源之一。这样，在历史上民族融合潮流的席卷之下，原先以黄河中下游为中心的炎黄部落，经过漫长而复杂的过程，不断融合楚、越等族及部分蛮、夷、戎、狄，像滚雪球一样，越滚越大，终于造就了世界第一大族——汉族。

许多融入汉族的族群是"融而不化"，因此汉族内部支系众多，族群庞杂。有专家根据语言、文化、地域等标准，将汉族分为16大民系几十个支系。

>>>阅读指南

徐杰舜：《汉民族发展史》。武汉大学出版社，2012年4月。

徐杰舜主编：《中国汉族通史》。宁夏人民出版社，2012年5月。

仅从语言角度，汉族语言就方言林立，数不胜数，除普通话外，汉语还有九大方言，即北方方言、吴方言、湘方言、粤方言、闽方言、赣方言、客家话、平话和晋语。

汉字不仅是世界上三种最古老的文字之一，而且是唯一使用到现在的文字，至少已有3000多年的历史。汉字不仅使汉族文化得以保存流传，而且辐射到周边的民族和国家，在东亚20个非汉语的民族和国家繁衍出20种非汉语的汉字式文字，形成有名的"汉字文化圈"。

各地汉族风俗习惯差异明显文字，风土人情多姿多彩，所谓"十里不同风，百里不同俗"就是生动的写照。汉族尚红色、贵黄色，认为红色是吉祥、喜庆、美丽的象征，黄色还是君权的象征。

汉族是个农耕民族，曾长期处于男耕女织、自给自足的小农经济状态。南

汉族建筑随处可见龙的形象

汉族自称"龙的传人",对龙凤的崇拜渗透到生活的各个领域,形成一系列特殊的传统习俗。龙凤纹饰作为汉族传统文化的象征,遍及绘画、工艺美术、雕刻、建筑装饰以及民间文艺创作之中。

方汉族以米食为主,大米制品种类繁多,北方则以面食为主。由于食材和烹调方法的不同,形成了鲁、川、粤、湘、苏、闽、浙、徽等"八大菜系",汇成洋洋大观的汉族饮食文化。

汉族节日众多,朝朝相袭,代代相承,逐渐形成了一个完整的传统节日体系。发展至今最隆重、最受重视的主要有春节、清明节、端午节、中秋节等,并且成为许多少数民族和周边国家民族的节日。

汉族对各种文化和宗教信仰兼容并蓄。天命崇拜和祖先崇拜是汉族的主要传统观念,佛教和道教是汉族信仰的主要宗教,其民间信仰更是纷繁复杂。

自古以来,汉族始终以开放、包容的姿态兼收并蓄,博采众长,不仅铸就了自身的强大,也为中华文明和世界文明作出了杰出的贡献。

汉朝之前,汉族称为夏、华夏或诸夏。"汉"之称得名于汉朝,此后"汉人"一直是汉族的自称和他称,历代还有秦人、唐人、华人、中国人等称谓。五胡十六国时期及元代将汉人定为第三等级,"汉人"之称获得广泛认同。20世纪初出现"汉族"一词,民国时期正式成为族称并沿用至今。

悠久的历史、灿烂的文明、庞大的人口、众多的族群、超强的凝聚力,无论从哪个角度看,汉族都是当之无愧的"世界之最"。

>>> 寻踪觅迹

黄帝纪念地 主要有河南新郑市黄帝故里、陕西黄陵县黄帝陵、河南灵宝市荆山黄帝陵、河北涿鹿县桥山、浙江缙云县黄帝祠等。

炎帝纪念地 全国有五处炎帝故里,分别位于陕西宝鸡市、湖北随州市、湖南炎陵县和会同县、山西高平市;全国有三处炎帝陵,分别位于湖南炎陵县、陕西宝鸡市和山西高平市。

中华民族长盛不衰的秘密

在人类文明史上，曾经出现过六大辉煌的古代文明，即古代两河流域文明、古埃及文明、古希腊和古罗马文明、古印度文明、中华文明、古中南美洲文明。然而，这些灿烂的古代文明，有的由于生态环境的改变，有的由于民族内部矛盾引发的战乱，有的由于遭受外族入侵，发生了中断或断裂，沦为"失落的文明"、"湮灭的文明"。只有中华民族克服了种种危机，使中华文明延续至今。

中华民族是一个灾难深重的民族，历史上曾经面临多次重大危机。

第一次大危机发生在5000年前。当时，炎帝、黄帝、蚩尤等诸多部族和族群互相厮杀，导致众多生灵涂炭。黄帝取得胜利并统一了各部落，修德安民，发展生产，制衣冠、建舟车、定音律、创医学等，奠定了中华文明的基础。

第二次大危机发生在4000年前。当时，洪水泛滥，中华民族的生存受到严重威胁。大禹治水身先士卒，"三过家门而不入"，以变堵为疏的方法，使中华民族转危为安。

第三次大危机开始于近2000年前。从那时起，北方草原游牧民族与中原农耕民族的矛盾长期存在，有时甚至发生剧烈的冲突，给双方都带来威胁。秦汉时期，中华民族曾实现空前的统一。此后，历代统治者在大力修筑万里长城、屯兵边疆进行防御的同时，更注重开展与周边少数民族的经济文化交流，到了清代，更是彻底解除了长城的军事防御功能。正是在长期的互动交流中，各民族互相学习，互通有无，共同缔造了伟大的中华文明，不仅化解了中华民族生存和发展的危机，还逐步走向了融合。

到了近代，从1840年第一次鸦片战争开始，到1937年日本发动全面侵华战争，中华民族陷入了一系列更深的危机之中，面临生死存亡的考验。中华儿女奋起抗争，谱写了可歌可泣的英雄业绩，终于取得了抗日战争的伟大胜利，中华民族也在救亡图存的过程中凝聚成不可分割的整体。

中华人民共和国成立后的60多年，中华民族以一如既往的坚强和勇敢，克服了种种艰难险阻，实现了民族独立、国家富强和人民幸福，巍然屹立于世界民族之林。

当我们完成《中华民族史记》六卷书稿的编写和编辑工作，回首中华民族几千年的形成发展史，深深为其沧桑曲折而感慨，为其波澜壮阔而赞叹。中华民族形成今天这种多元一体的格局，是历史发展的必然结果。中华民族历经百劫而不衰，屡历磨难而常新，与开放包容、和衷共济、勇于创新等民族精神密切相关。

我们为中华民族悠久而灿烂的历史与文明感到骄傲和自豪，也对中华民族的复兴充满信心！

编　者
2014年8月

古今民族（族群）名称

Z

藏族（藏） 028 047 048
049 071 084～086 091
093 107 111 119 137
151 185 186 190 199
201 207 212 215 240
珠申、哈达、乌喇、叶赫、
辉发 013 240
准噶尔 041 047 048
055～057 072 104 185
237
壮族（壮） 052 091 093
107～109 118 132 137
138 140 146
仲家蛮、仲蛮、夷家、夷族、
土边 132
撞军、撞丁、獞人 137
邹 262

致 谢

1. 本书涉及的文物图像绝大部分是全国各地博物馆公开展出的文物,少量源自各种公开发表的资料。

2. 感谢下列图片作者:池民海、冬原、刘婷婷、蓝冠忠、马伟民、彭年、彭宽、青林、祁海宁、任明宽、妥建军、汤源生、王乐云、杨福泉、西梦。

3. 部分图片来自网络,无法确定或联系到原始作者,如果作者看到本书,请联系我们,以便付酬。联系电话:0591-83727141。